—星座・愛情・人生—

在你的眼裡看見自己

Escape
The
Maze

尋找愛情的——32把鑰匙

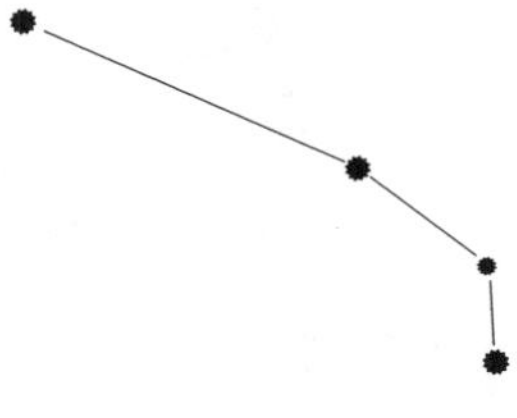

白瑜 著

目錄

Contents

金星星座

星座屬性

星座特質與視角

引言

人生最不容易的地方，
就是在學會感受這個世界之後，還要再來接受自己的平凡。
但「平凡」這個事實，哪能那麼容易讓人接受呢？
然後，我們把這個疑問交給了愛情：希望，自己在愛情裡是最獨特的那顆星。
為了這個簡單的理由，我們便義無反顧走進「討好別人」的複雜。
好像只要那個人開心，我就是最特別的。
就這麼一路追愛，一路看著對方的眼睛，找尋屬於自己的方向。
越失望，越想要努力，以為這就是勇敢。
愛情的美，讓我們容易忘記自己；愛情的愁，讓我們總是不能呼吸。
當我們天真以為，在對方的眼裡可以看見全世界，我們看到的卻是——
自己孤單趴在地上，掙扎的不堪。

這樣問題就來了，愛情眞的能讓人「超脫平凡」嗎？
或者，愛情的存在是爲了讓我們「看見自己」呢？
原本想要透過愛情來證明自己，
結果發現，
在你的眼裡，我看見真實的自己。

Twelve Constellations

太陽星座

The 32 keys of Love

Story 01 牡羊座

初戀：愛要從什麼時候開始？

每個人的生命裡，都有一個「一瞬間」。只要你遇到這個「一瞬間」，你的人生就不再一樣……

小玥幻想過各種有關戀愛的情節，但她從來沒有想過是這樣。她從書包裡拿出那本厚厚的書，想要深嘆一口氣，又怕被媽媽發現，只好從嘴巴裡發出一個長長的「呼——」聲。

「妳回來啦！趕快洗手吃飯！」媽媽像往常一樣，下班之後就風塵僕僕趕回家給小玥煮晚餐。但是今天小玥看著媽媽炒菜的背影，感覺有些不一樣。「媽媽剛認識爸爸的時候是什麼心情呢？我怎麼從來沒想過呢？他們本來是陌生人，後來談戀愛、結婚，成了一家人……」想到這裡，小玥的腦海中又浮現學長的臉。

今天傍晚，同班的男同學在教室門口大喊：「小玥，有人要還妳書！妳出來一下！」那時候小玥還在埋頭苦思冥想，那道數學題到底是怎麼解的。聽到有人找她，她帶著一臉對數學又愛又恨的心情去拿書，心裡邊嘀咕：「我有借書給誰嗎？」到了教室門口，小玥愣住了，這不是學校籃球社的學長？學長高三，比小玥高一年級。一百九十公分的學長，看到小玥走過來，立刻把上半身彎下來到適合小玥的高度。他左手抓著脖子後面，好像快落枕了一樣歪著頭，右手幾乎是用塞的，遞給小玥一本厚厚的書，說：「呃，這本書還給妳！謝謝！不會的可以問我喔！記得認真翻書！拜拜！」小玥禮貌的回學長：「不用謝……」也不知道像風一樣跑走的學長有沒有聽到，然後小玥才回過神來：「什麼嘛——我哪有借書給你啊！我們根本不認識吧？」

小玥屏住呼吸，似乎這本書是哈利波特手中的魔法書一樣，小心的翻開書的第一頁，裡面赫然方方正正寫著一個「峰」字，就是這位學長——風靡全校的資優生名字。小玥看著那個名字，想到剛剛學長的話。「什麼叫記得認真翻書？」她覺得很奇怪，她胡亂地翻這本厚厚的數學習作，想從書裡找點蛛絲馬跡。「哇！裡面的筆記好整齊喔！」小玥邊驚嘆不已，邊思考「說還我書，但這根本是學長的書，還說我可以問他問題，又說要我認真翻書，學長到底是在說什麼啊？」這時候，「啪！」一下，一張卡片從書裡掉出來。小玥撿起卡片，往自己的座位走回去。還來不及坐穩，小玥手心的汗已經把卡片捏到有點變形。後來，小玥根本不記得自己是怎麼從教室門口走回來、坐好、老師進來上課等等這些細節。因爲她滿腦子都在重複一句話：「小玥，我喜歡妳！」她把夾回書裡面的卡片，偷偷拿出來看了又看，署名是學長的名字沒錯，說喜歡的是她自己、小玥本人沒錯！

「所以！我被告白了！」整個世界彷彿只剩下小玥一個人。

小玥邊吃飯邊回想今天下午學長給她書的整個過程，她在想：「學長眞的有可能喜歡我嗎？他不是應該喜歡隔壁班那位校花嗎？」刷牙前，小玥對著浴室鏡子裡的自己，試著笑一笑，還是覺得很神奇：「學長眞的覺得這樣的我很可愛嗎？」一想到這裡，小玥的心快跳出來了！她在國中的時候暗戀過一個男生，也被一個魯莽的隔壁班男同學告白過。但她一直覺得，在讀大學前談戀愛就是浪費自己的時間。所以，小玥始終沒有眞的喜歡過什麼人，即便是這位人見人愛的校草級別的學長，小玥也從來沒有眞的喜歡過。硬要說，是有過一次幻想沒錯啦！那次是她塞著耳機正在聽經典老歌的時候——「打開妳的手心，握緊我的愛情，不要如此用力……」那是一首無印良品的老歌，悠揚的旋律帶著淡淡的請求，難得喚起小玥心中那份屬於女生內心的漣漪。也是那個瞬間，學長在操場打球，正好灌籃得分，大家都在歡呼。小玥從窗邊撇到這一幕，配著這首催情的老歌，小玥不自覺想：「如果學長跟我談戀愛，他也會像歌詞裡一樣想要懂我、愛護我嗎？」想到這裡，小玥的心又開始砰砰直跳，難道這就是許願、吸引力法則？

這種不眞實的被告白場景，對小玥來說還是第一次。她覺得自己好緊張，但又感覺有點刺激、有點甜蜜。學長就這麼近坐在她身邊，兩個人不約而同抬頭看了看公園上空的月亮，一時間語塞。頓了頓，學長說：「小玥，我喜歡妳很久了！我只是不敢打擾妳。但是！因爲我快畢業了！一想到快畢業可能就會看不到妳！我覺得我必須要跟妳說出我的心意！不然我會後悔……而且、而且妳知道嗎？！我們班的班導和她老公就是高中在一起的情侶檔，現在他們已經在一起二十幾年了！所以妳也不用擔心我上大學之後會移情別戀……呃——我也不是這個意思啦，妳做什麼樣的決定都好，我尊重妳的選擇，妳不要爲難……」學長又用他的左手抓一抓他的脖子背後，好像快落枕一樣歪著頭。小玥看著月光下，學長帶著一點稜角的臉，她也不知道說什麼好，因爲她還不清楚什麼是眞的喜歡。但她現在很想像偶像劇裡的女主角一樣，給學長一點肯定的回應。也不知道哪來的勇氣，小玥直接吻了學長的左臉……

小玥永遠記得被自己親吻過的學長的表情：眼睛睜得大大、嘴角笑得彎彎，摸著脖子後面的左手放了下來，摸了摸小玥的頭，然後伸出右手問：我可以牽妳的手嗎？

……

這次見學長，是小玥離婚後的第三年。學長聽說她離婚，搭飛機從世界的另一邊飛來看她。看到學長的第一眼，小玥的心就被拉回到她高二、學長高三那一年的某個瞬間。那一瞬間有點模糊，她也分不清是聽「掌心」學長灌籃的那一瞬間，還是翻數學習作看到卡片裡寫著「我喜歡妳！」的那一瞬間，還是在公園裡聽完學長的告白、親吻學長後、被眼睛裡帶著星星的學長牽手的那一瞬間。人生繞了幾圈之後，小玥開始明白：每個人的生命裡，都有一個「一瞬間」。只要你遇到這個「一瞬間」，你的人生就不再是你的，因爲你的心從此變得不一樣……

關鍵詞：初戀

簡單的心、懵懂的情、不知所措又有點興奮的感受，不是爲了玩耍和聊天，但是又很想找他玩耍和聊天，第一次，你感覺，這應該就是愛情。

初戀的時候，我們以爲這份愛情會是一輩子，初戀的時候，我們會以爲愛情的感覺會這樣一直持續下去，不會停。後來發現，初戀不過是教我們認識愛情。

透過初戀，我們的心開始學著：

追尋喜歡的、回憶失去的、接受遺憾的、珍惜美好的……

初戀沒有雜念，充滿愛戀。
後來再愛上的、後來在一起的，多少都帶點初戀的影子。
從初戀開始，你的人生不再一樣。
初戀，為你打開探索人生的愛情之門。

星座與愛情：

我們大部分亞洲的女生都是偏「順從型」的個性。在感情上，比較被動、容易投其所好、也不太清楚自己喜歡什麼。尤其是少女時候，暗戀和被動接受居多。等到有男生來追、開始交往，又容易對男生期待太多。後面，發生各種摩擦，還來不及磨合，女生就開始對男生打分數，甚至減分、再減分。這時候，我們已經忘了什麼是喜歡一個人，只留下「打分數」這樣的本能。當然也有個性外向的女生會比較主動一點。比如說，男生喜歡溫柔的女生，就把自己打扮得很溫柔；男生喜歡有個性的女生，就讓自己看起來獨立有個性。還有少數很有個性的女生，她們想做點特別的事情，讓男生注意到自己。比如說，送男生便當吃、在特別的日子表白、當男生的好哥們等等。

而牡羊座的女孩們，對感情既看重又脆弱。她們人前穩重識大體，但事實上私底下就是個懶得動腦筋的幼稚鬼。她們不會用這麼多的技巧。簡單說，就是她們的大腦裡面根本就沒有這麼多招數。

小玥就是牡羊座。面對感情，一改平時牡羊大剌剌、少根筋的樣子，小玥的內心對白會比平常多很多。也就是說，面對感情的牡羊，要比往常更內向一點。說到這裡，可能牡羊自己都以爲自己是熱情活潑的人，應該更適合幽默、浪漫的人。但是，正因爲面對感情，就算牡羊一樣是直接、少根筋的表現，但仔細觀察就會發現，牡羊的言行已經變得保守內向，並沒有表面上看起來那麼外向。能發現牡羊這些改變的人並不多。所以，在愛情裡講究公平、重視承諾的牡羊，個性相對沉穩、想法周到的人才是最適合你的喔！

愛情送分題：牡羊互動起來直接不造作、內心又細膩，這樣的個性，對於任何人都是可愛的！

給牡羊的建議：牡羊的保護色就是什麼都可以靠自己、什麼都可以算了。但事實上，有誰能看到你在意不得了的心情？沒有人吧？不要暗自啜泣。甩掉你的保護色吧！這個爭強好勝的保護色，可能保住你的面子，卻讓你失去接近幸福的機會。

牡羊，你可以獨自完成一件事：決定接受一個人、決定離開一個人、爲了目標去挑戰生命中的難題。但經營一份「值得互相信任」的關係，卻需要兩個人共同努力。你表面上想要「一」的乾脆俐落、落棋無悔。但我相信，你更想追求跟「二」有關的依戀、安全感、小確幸……

學習觀察別人的情緒起落、學著在生活中運用更多的同理心、練習在目標面前更看重和你一起達成目標的那個人心情。當你跟別人形成更加細密的連結，你的生活就能多出更多的眞實感。這種「眞實活著」的感覺，能讓你享受到生活中各種幸福的滋味。

牡羊，打開你的心，容納更多人進入你的生命吧！

三個糾結：

(1) 一開始的甜蜜並不能讓關係維持太久。

(2) 愛情不能成為解決自身問題的替代方案。

(3) 付出後想要得到回應，需要衡量對方有沒有這樣的能力和立場。

三個成長：

(1) 只有從自己身上找答案，才有機會找到問題的源頭。

(2) 追愛的過程可以幫我們找到成長的動力。

(3) 尊重對方，了解對方的感受，是付出的第一步。

故事的後面：

初戀過後，我們才能在「陌生、愛戀、熟悉、磨合、厭惡、陌生、感嘆、熟悉」這樣的情緒週期中正視到——每個人是不一樣的個體。

故事裡帶到小玥和學長後來沒有在一起，就是因為兩個人沒有通過磨合期的考驗。愛戀是有保鮮期。過了愛情蜜月期後，那個吸引力的情緒就會自動降下來。這個生理過程，試圖要我們透過體驗了解——沒有一個人可以隨時懂我們、照顧我們、給我們依靠、滿足我們的需求。每個人都有自己的生活，再怎麼相親、相近，我們終究是自己，我們無法成為別人，別人也無法成為我們。我們的個性一定和別人不一樣，我們喜怒哀樂的觸發點與別人有所不同，我們想要、需要的不一定別人能懂，我們心裡的世界最終無法全面展現在別人面前。愛情面前也是一樣。

如果想要而對方不能給時，我們不能懷疑他不想用心。給予尊重，問問自己：「我能給自己什麼？」

如果有需要但對方不懂時，我們不能控訴他冷漠。找到原因，問問自己：「我能滿足自己什麼？」

如果覺得孤獨，對方不能陪時，我們不能埋怨他不貼心。轉移心情，問問自己：「我能幫自己什麼？」

愛情不是控制一個人的藉口。不能因爲愛就合理化自己的各種行爲；不能因爲得不到就胡亂猜疑、製造更多麻煩；不能因爲無助就橫衝直撞、控制詆毀對方。

如果在愛情上無法做到精神的獨立，那麼不是你愛的人會遠離你，就是愛情會遠離在一起的你們。

牡羊座的小玥高中時，就是因爲過於依賴和自卑，跟學長爭執越來越多，後來導致分手。幸運的是，故事的最後，小玥在離婚後的第三年，重逢學長。這時候他們都長大了。而且他們之間的吸引力還在。和高中時期的他們不同的是，兩個人經過歲月的洗禮，都懂得互相尊重和珍惜。

知道不一樣、尊重不一樣、保留不一樣。這樣的心態，幫助他們更清晰去理解這個世界、瞭解自己的需求。帶著這樣的信念好好愛自己，然後，就可以好好的去愛他們想愛的人。

這一次，牡羊座的小玥和學長，終於可以好好愛對方、幸福在一起。

Story 02 金牛座—

美好：怎麼樣的愛情才是美好的？

說到底，愛情和一場賭局沒有什麼分別。兩者都跟「慾望」和「信心」有關。從你愛下去的那刻起，你賭上的是他是否願意——漫長歲月、眞心不移。

最近常常發低燒。因爲低燒，臉上泛著微微的紅，皮膚也因爲流汗多了點而泛出光澤。生小病這種事，本身就是身體自我調節的結果。流流汗，算是排毒。吉娜反而覺得，自己健康的很，她並不在意。

眞的讓她比較不舒服的，是前陣子剛分手的前男友。明明是他來找自己，問要不要喝咖啡？可不可以聊聊天？想和妳出去走走。結果，咖啡也喝了，天也聊了，兩個人超級聊得來，通宵達旦聊不完。後來相約去東部走走，看了神木、看了螢火蟲，後來，兩個人浪漫錯過最後一班火車，一路順著鐵路走回飯店。旅行回來的結果，就是——分手。

分手是吉娜提的。趁她還沒有到很痛，分開也好。這是一段沒有超過三個月的戀情。無預警的開始，有預感的結束。如果把他們的這段戀情比做上市公司的產品，生命期短暫到連一季度的財報都寫不出來，這個產品系列就報廢了。吉娜這麼想著，苦笑著，擦一擦額頭滲出的汗，慶幸自己好險沒有買超，提早放空是好事，不至於讓她崩潰難擋。

畢竟沒有行情的戀情，也只是一陣曖昧的風捎來玫瑰香而已，玫瑰一樣不是自己的。

吉娜的手機響了。臉書傳來一通訊息：「妳發燒了？我買了晚餐給妳，方便給我妳家的地址嗎？我馬上送到。」吉娜下午發了一張自拍照，簡單說自己發燒了，給自己買了一束花，調適一下心情。她就是有點寂寞，明擺著想要收到朋友們的關心。這種沒有人知道的失戀，就好像晚上的雲從來沒有被看到過一樣，船過水無痕。只有自己知道的失戀，讓她的心有一點點寂寞、一點點的痛。誰知還眞的有人來關心她！

這位朋友，吉娜根本不熟。就是朋友的朋友，連連看，就變臉友。雖然平常互相有按讚，但他們從來沒有互相訊息聊天過。就這麼突然收到他的關心，還要送晚餐，讓吉娜覺得：這是怎麼了，來者何人，用意何處？

不過，無論如何，被關心的感覺，眞的很好。吉娜覺得自己需要。吉娜稍微整理一下妝容，特別換了一件看起來輕鬆，但視覺上又有點調皮的波希米亞風洋裝。她這幾天的心裡擠滿數不清的焦慮。收到訊息後，現在也能找出點空間放入期待和興奮。只能說，寂寞的人啊！容易因情神傷，但也隨時做好重新開始的準備。想到這裡，吉娜撇撇嘴，一邊自嘲一邊出門。

當吉娜走到樓下的時候，他已經在門口等了，手裡提了兩大袋的外帶。

「嗨！」

「嗨！」

「妳本人比照片更美——」

「謝謝！眞不好意思，沒想到你送晚餐來。」

「不會啦！朋友就是要互相照顧——妳好點嗎？看起來還是熱熱的，臉紅紅的。」邊說，他邊用手背想要貼一下吉娜的額頭，試探了一下，又放下了，可能他怕吉娜尷尬。

吉娜心裡的小鹿已經跑出柵欄。頓時她覺得自己的焦慮全好了。抬眼看看眼前的這個男孩，吉娜靦腆的說：「謝謝！沒關係，我習慣了，應該很快就會好。」

「不能這樣，好好照顧自己好嗎？我明天再來看妳，可以嗎？」

吉娜的心，好像一片海被夏天的風吹過，湧起一層又一層的浪。浪花澎湃又輕悠。她已經踏著衝浪板，穩穩從浪頭衝到浪尾。風好清爽、海好清澈，眼前的岸邊，還有一個帥氣的男孩，等著青春亮麗的她上岸。「哈！前男友，拜——我還有自己的人生要過，就不留你了！」吉娜拿著兩大袋的外帶晚餐上樓，好像剛剛的、昨天的、上週的心痛是隔壁鄰居的一樣。

「好吃嗎？」

「好吃——」

「我最喜歡吃裡面的三隻小豬流沙包，可愛又好吃——」

……

吉娜就這樣跟著男孩聊起來。她也不知道男孩是三隻小豬，還是大野狼。反正晚餐很好吃，心情也好很多，還有什麼比這更好呢？人有時候需要的也不多。

不過這次，吉娜告訴自己，不是聊得來的人都可以談戀愛。先做朋友也沒什麼不好。一段關係，需要透過發生一些事情來做鑑定。如果有情，就會選擇對對方好，友情自然就會是愛情了。如果無情，那這些事便是一張無情的篩網，把不屬於自己人生的，篩出去，即使留戀也要離開。

慢一點沒什麼不好。慾望眞的讓人盲目。但人不會一直裝睡保持自己的盲目。越重視感情，越容易因直覺而產生預感，而過早揭開慾望的面紗。除去這層紗，原本的朦朧美再也美不起來，遊戲變得不再讓人安心，慾望的泡泡瞬間破滅，連自我滿足、自欺欺人的機會都不給。

男孩說：這個週末我們去爬山吧！出去動一動、流流汗，對身體好。然後我們再去看電影。

晚餐妳想吃什麼呢？

關鍵詞：美好

若你愛上一個人，你看到他的時候，一定能夠看到各種美好。
這是他的美好，更是「你眼中的美好」。
不是他真的多麼完美，
而是他的出現，讓你的心中自動湧出粉紅泡泡。
這些美好裡面——
藏有你的崇拜，也藏著有志一同的合拍。
不過，值得注意的是，
這些美好裡面，還藏有各種自我挑戰——
以便讓你在愛一個人的同時，還記得成就更好的自己。
美好從來不是一個標準答案。
美好是一種量身訂製的感受，只有愛著的人才懂。

星座與愛情：

現代的女孩兒們，有著西方人的衝動和東方人的慢熟。女孩們想要遇到屬於自己的超人，可以帶她遠離危險，還可以帶她飛到雲朵之上，用更高的角度領略這個世界。超人們在電視的世界裡多到數不清，很容易讓人誤認爲：這個世界有超人本來就是一個再正常不過的事，不懂超人的人，才是怪。只能說，現代的人很幸運，也很可憐。幸運的是，藉由各種不同的體驗，可以用各種自己喜歡的方式認識世界、享受人生。可憐的部分，就是用腦太多，編織的夢太多，容易忘了自己的眞實生活、眞實感受。

而金牛座的女孩們呢，非常注重感覺和體驗，對自己也很嚴格。平常習慣精打細算，又想要享受生活。到底要完美？還是要享受？這種糾結讓金牛總帶點心事重重的氣質。她們對別人的感受也很敏感。到底要先滿足自己？還是先滿足別人？金牛容易在這些糾結中「痛並快樂著」。

吉娜就是金牛座。面對感情，金牛的感知力比我們想像的要細膩很多。因爲陰性的特質，金牛總喜歡把自己的感情放在檯面下，私下慢慢感受、品味，去體會其中各種細節可能蘊藏的意思。自己的心情是否因爲事情的進展而有所轉變？如果心情跟著起伏，是因爲不自信？還是因爲自己容易受別人的影響呢？這些細膩入微的情緒流動，或許連金牛本人都辨認不出這麼多的層次。但是，不去體會，金牛對自己的判斷和選擇會更沒有信心。固執的金牛，就是想要一個屬於自己的一份舒服又甘願的感情。但是，金牛不知道的是，不按牌理出牌、充滿勇氣的人，才是她的菜。

愛情送分題：金牛穩重、確定感強，給尊重的空間，感情經得起考驗，這是少有的珍貴品質，值得被好好珍惜！

給金牛的建議：金牛喜歡自己一個人在深夜思考。因爲金牛的節奏比別人慢。了解自己的感受、了解自己的慾望、對一段感情的想法，這些感知都比別人來得慢一點。這就導致，當金牛還在思考心裡答案的時候，很可能就先被別人誤會了。誤會你無心經營關係、誤會你過於驕傲固執。

每個人的節奏不一樣，而如果你的節奏和大家的節奏特別不同步的時候，請記得提醒身邊的人：我還在，我只是還在消化自己的感受，給我一點時間好嗎？

金牛，雖然你常常一個人，但是並沒有在和自己好好相處。爲了加快了解自己的感受，放下那些無謂的焦慮。來回回想、思索、追問是沒有效率的。不如，開發自己的興趣，做點你覺得有趣的事。當你發揮自己創造力的時候，也是打開心，從不同角度超越問題的時候。

金牛，和自己好好相處，讓你的生活更有趣一些吧！

愛情的美好，不能滿足和完成我們的所有幻想。美好很有可能是自導自演的感覺良好。

幻想是片面的、是一廂情願的、是自我逃避的。

愛的出現，不只是爲了連接兩個人的脆弱。

三個糾結：

(1) 只靠回憶，很難幫助解決當下的難題。

(2) 愛情，不是解決自身問題的根本良藥。

(3) 沒有衡量對方感受的付出，很難得到自己想要的回應。

三個成長：

(1) 只有從自己身上找答案，才有機會解決自己的難題。

(2) 愛情，是可以幫助我們找到解決問題的良伴和動力。

(3) 尊重對方，了解對方的感受，是付出的第一步。

故事的後面：

愛情裡面的美好：有一面是眞實的，有一面是想像的。而在愛裡，我們要做的是，把想像化爲眞實。讓愛情連接起兩個人的脆弱，塡滿心中某部分的欲求。然後帶著尊重，主動走入對方的生活，這樣的愛有慾望、更有包容。

故事裡吉娜和前男友之間，就還在愛情萌芽前期「自導自演」的階段。一陣費洛蒙襲來，前男友暫時滿足吉娜心裡所有的幻想。吉娜片面而一廂情願沉浸其中，以爲這就是愛。等對方的表現不如預期，才發現這是一種自欺欺人的自我逃避。

後來吉娜遇到另一位男孩，她知道自己不能再跟幻想的泡泡談情說愛。她用自己本來就有的細膩，勸自己慢下來。與其趕快確認一份關係，不如慢慢享受這段關係。回到一段感情本來的節奏、本來的樣子。讓自己停在當下去感受，剩下的交給時間就好。

談過幾段之後，愛情神祕的面紗被掀開了，就不容易再回到初心去享受感情的每個階段。但是如果不花時間去經歷、去體驗，哪會有答案呢？

愛情的美好，就在這讓人覺得等不及的過程裡。人生有很多事情，要花很多時間去體會。愛情也是一樣。

吉娜最後決定放下心裡的不安和焦躁。跟那位關心她的男孩從朋友開始慢慢相處。沒有佔有慾、放下控制慾，就可以放心享受關係裡純粹和敞開的互動。

不帶有功利心、沒有目的，用純然的靈魂和自在的自我去表現、去相處。經過時間的累積、各種經歷的沉澱，男孩是不是愛她，她有沒有愛上這位男孩，兩個人想不想相伴一生，他們心會有答案。

這一次，吉娜選擇聆聽心的聲音，不迴避自己的衝動和脆弱，回到自己最簡單的樣子，接納自己、迎接愛情。

Story 03 雙子座

學習：談戀愛和懂愛之間的距離

如果沒有遇到，從來不曾想過，喜歡一個人，喜歡的原因竟然是：爲了逃避自己。如果「喜歡」是爲了轉移注意力，那「愛」又是爲了什麼呢？

小曼一瘸一拐的從操場走出來，心情很差。她的膝蓋沒有流血破皮，可是很痛。好不容易鼓足力氣跑跑步、流流汗，怎麼弄得連路都沒辦法走了？

躺回床上，盯著天花板。天花板上鑲嵌她最喜歡的維多利亞風的石膏雕刻。有葡萄藤、有玫瑰花，還有小天使帶著翅膀舉著胖嘟嘟的手臂來回搖晃……小曼喜歡做白日夢，她把自己臥室的天花板當作一塊畫布，根據她每天不同的心情，勾勒出不一樣的風格。今天的天花板是屬於凡爾賽宮。優雅、浪漫、帶點不容易被察覺的小叛逆。

膝蓋抽痛了幾下，把小曼拉回現實。她覺得自己很失敗。想要做什麼好像都沒有自己想像的那麼好。國中時候想好好唸書，但遇到個討厭的班導，每次看到她就感覺懶懶的，後來看到書也感覺懶懶的。高中因爲初戀的關係，兩個人互相鼓勵，成績很快就越來越好。上了大家眼裡很好的大學、很好的專業。但，不知道是不是從小的習慣會延續，看到專業課的書，小曼還是覺得懶懶的。初戀後來也分手了。那時候他們有一個月沒聯絡，然後一封訊息被告知「分開比較好」，小曼就被推入深淵。那天小曼哭得很慘。好朋友說：「打給他啊！讓他給個交代！」小曼也很想問個清楚，可是問清楚了又能怎樣呢？求復合嗎？算了，感覺懶懶的。就這樣，小曼度過第一次失戀。

畢業後，進來現在這個公司，小曼超興奮！畢竟她自己也沒想到，自己這麼快就走進這個社會大熔爐。當大人的感覺還蠻不錯：拿著自己的薪水，做自己想做的決定，認識不同的人。就這樣忙碌了一年，小曼突然在上週覺得自己老了。總是腰酸背痛，肚子也囤積了一點脂肪，早上起床常常水腫到看不到自己的雙眼皮。小曼覺得這樣下去不行。猶豫一週，雖然懶懶的，她還是決定去隔壁高中的操場跑步。

這幾天膝蓋越來越痛。小曼覺得自己眞的是老了。跑個步也可以這樣，眞的是夠了！盯著電腦，小曼難得報告一個字都寫不出來，心情煩躁的很。

「怎麼這兩天一直發呆呢？喝點水吧。」桌邊伸出一隻手，把正在想要和膝蓋疼痛和平相處的小曼嚇一跳。「新同事還眞懂事，這麼會關心人！」小曼邊想邊笑，「太會social了，你看起來不是普通人喔！」這時候應該要像這樣談笑風生來緩和氣氛，可是小曼覺得懶。她只擠出「謝謝」兩個字，附上標準的同事笑容，就算了事。而且小曼覺得這樣自己已經很給面子。

「走，帶妳去看醫生！」新同事右手拉起小曼的手臂，左手拿起隔壁桌他自己的背包，一副一定要走的節奏。「等一下，我拿一下包包！」小曼急匆匆拿了包包就被拉走。

X光室，生硬冰涼的機器讓側躺的小曼覺得不舒服。膝蓋痛也顯得更不舒服。小曼不自覺回想剛剛新同事的話：「我就在門外等妳，別擔心，很快就好了。」他的眼睛笑起來彎彎的，嘴巴本來小小的有點稜角，笑起來也變得柔和很多，比例上看起來更舒服。小曼突然覺得心裡有隻蝴蝶在飛，繞著尖尖的草叢，繞過一個噴泉水池。蝴蝶的身體很輕盈，飛著舞著，飛出她的身體，X光機器上長出綠綠的藤蔓，藤蔓上開了很多白白粉粉的小花。蝴蝶看到花開心的飛過去，翅膀上折射著早上十點半的陽光，划過空氣帶出波光粼粼的氧氣泡泡，整間房間充滿春天的香氣。小曼深吸一口氣，覺得膝蓋沒那麼痛了。

X光室的門一打開，新同事就站在那裡，眼睛直直看著小曼，害小曼一時覺得有點害羞，又不知所措。「還好嗎？」新同事從她手上接過她的包包，那熟練的動作，好像他們多熟一樣。小曼偷偷觀察他的臉，他側臉的稜角有一種熟悉的味道，好像在哪裡見過。新同事像老朋友般遞來一瓶水：「不舒服吧，喝點水吧！」

醫生說，膝蓋的半月骨有點小裂縫，希望小曼少走點路。小曼聽了覺得奇妙，跑步也能讓膝蓋裂縫，眞的是老了嗎？還沒等她回應，新同事就接過醫生的話說：「好，我會讓她少走點路。醫生，還有什麼要注意的嗎？」他皺起眉頭很認眞想要聽醫生的建議。小曼看他都幫忙問了，自己也就沒多問什麼。

夏天到了才知道太陽有多厲害。離太陽有這麼遠的距離，也能把地球表面烘烤的火熱，就跟他的熱情一樣炙烈。一早就接到他的電話：「還不起床！懶鬼！妳都遲到十分鐘了！快點，我等妳很久了！」看看手機已經早上七點，小曼連忙從床上跳起來。

一樣帶了兩瓶水，一瓶給小曼，一瓶他自己留著喝。毛巾也準備好了。兩個人沿著公園開始跑步。自從上次膝蓋受傷好了之後，小曼每天都和他來晨跑。正確說，是他每天早上揪著她去公園跑步。小曼本來覺得有點懶懶的，又不想破壞他的興致，而且說不定堅持一兩週就會不了了之。殊不知，他們就這樣連著跑了三個月。還有，第一天一起跑步的那個早晨，他吻了她。他說，「以後有我在，一定會更好的！」小曼聽了，雖然心裡有一絲感動，但還是用不屑一顧的語氣回他：「最好是啦！話別說太早！」

不過現在小曼覺得，有他在眞好。因爲，有他在的時候，她才能感覺到自己的存在。她會想早起、她會想多喝點水、她會想運動一下讓自己恢復青春的樣子，她會想：就算以後眞的老了，也沒什麼大不了。

每天睡前，小曼臥室的天花板，一樣每天都有不一樣的風景。不過現在不一樣的是，還沒等幻想出完整的圖案，她就已經沉沉睡著了……

關鍵詞：學習

愛情，從天雷勾動地火的熱戀，到用心經營的日常，都需要學習。
如果感情只停留在感覺，還可以在粉紅泡泡裡做白日夢，
但事實是，
相愛容易相處難，要想餘生作伴，考驗一定少不了。
愛需要學習。
別再說：想愛就愛，憑直覺去愛就好。
當眞正的考驗：矛盾、衝突、爭執來臨時，
你的愛還撐得住嗎？

學習去愛，
需要學習認識自己的感受，
學習尊重、溝通、包容，
學習表達心裡的溫柔和憤怒……
學習，就是爲了有一天，當幸福從天而降時，一定要接住它！

星座與愛情：

雙子座的好奇心很重，也很怕無聊。她們在有興致的時候，非常的活躍；但大部分時間，會讓自己處於放空省電模式。面對感情，雙子座的這個模式會更加放大。因爲有種天然懶，目的是需要儲存體力。所以，雙子座在人際關係上非常講究效率。雙子很希望自己可以快速鎖定戀愛目標，然後好好相處。因爲對於她們來說，認識不同的人雖然很有趣，但也是一件非常消耗精力的事。

特別是選戀愛對象的時候，雙子座不論男女，通常都會有一項通用的「擇偶最重要的原則」——這個人一定要夠獨立、有自己的想法。這是雙子座的互補心態在作祟。因爲他們認爲自己雖然有想法，但很難堅持自己的立場。如果另一半能代替自己擁有強大的定力，推動必要的事穩定的進行，就是雙子想要的歸宿。

小曼是典型的雙子座。不介意曖昧，喜歡被無微不至的照顧。更樂見戀愛對象清楚了解自己的個性，然後依照自己的需求去安排生活裡的一切。曖昧中的雙子座，多少有點「公主病」、「王子病」。他們也願意付出，但一定會坐等你的回報。因爲，只有看到你願意疼愛他們的那一面，他們才能確定你的心意。小曼也不例外。她在一開始，不會特別去定位自己與同事的關係，讓對方猜不透，就能形成「進可攻退可守」的策略。雙子這麼做，並不是爲了用計謀套牢誰，就像小曼一樣，雙子外表活潑，但面對感情，內心非常的矜持。是的，雙子只要表現出矜持，就是開始用眞心的時候。

愛情送分題：雙子座天生活潑大方。生活裡面的柴米油鹽，經過雙子座的一番料理，可以變得好玩又有樂趣。而且不時能收到他們精心準備的小驚喜喔！

給雙子的建議：感情對於雙子來說，似乎是一件相對簡單的事。兩個人只要有機會開始互動，有藉口可以互相接近，就是建立連結的機會。不過，雙子不擅長把控的，就是對於自己內心情緒的表達。有時候反應過慢，有時候又有點過度急躁，還有時候顯得過分自我和固執。爲什麼特別說這一點呢？因爲日常生活中的雙子是進退得宜的，把自己的情緒起伏掌握的非常完美。這會造成戀愛對象對雙子的高期待，期待雙子可以在戀愛中，能表現出一樣的高情商。但，雙子一旦認眞起來，有時候因爲反應慢半拍而累積過多的情緒；有時候又會因爲急於表達自己的感受而過於自我，忽略了對方的立場。所以，蠻多雙子有一樣的困擾，一段感情，開始容易，經營起來卻有點困難。萬一旁邊還有別的誘惑，加上定力不足，天知道會做出什麼事！

三個糾結：

(1)情緒的累積會把兩個人的距離越拉越遠。

(2)如果只看自己想要什麼樣的感情，活在自己的想像中，就不是談戀愛。

(3)情感關係中，委屈、忍耐久了，就容易出現比較、不平衡的心態。

三個成長：

(1)愛情，要學習的，是我該怎麼與伴侶互相溝通配合。

(2)遇到摩擦，多問問自己，對方真正需要的是什麼？

(3)愛了，就是要學著什麼都愛，愛是要學一輩子的。

故事的後面：

瑞士裔法國思想家盧梭說過：學校裡面，什麼都教，就是不教生活的藝術。學校裡的教授會研究化學，就是不研究麵包是怎麼做的；會研究各種技術，就是不研究如何得到它們；能夠發現海王星的衛星，卻發現不了他眼裡的灰塵，也發現不了他本人是哪個流浪的衛星；會觀察醋滴裡的怪物，卻被身邊的怪物包圍而不自知……其實我只要到港口轉個身，就能學到更多的航海知識。

誰都會去學知識，可是生活的藝術、愛的藝術呢？我們又帶著多少學習的意識成長自己呢？

認識一個人並不難。但，愛一個人，就是一門藝術。這裡面包含對自己的體會、認知、信心和期待，也包含我們對所愛之人的了解程度、自己的感受能力、互相接近的動機、尊重程度的心態、想要從他身上得到什麼的期待……

當一個人很能感受另一個人的時候，那種角色的轉換，和內心的體會，是很動人的。就像故事裡的小曼，男同事從她受傷開始接近她，那股不容質疑，一定要接受他照顧的氣勢，就讓小曼覺得暖心。

兩個人互動的過程，就是互相認識、學習的過程。學著用對方喜歡的方式對待他，學著表達自己想要的……而且，這樣的感受、體會、互動，是可以發生在任何關係裡。比如說，朋友之間、師生之間、親子之間。願意感受對方的感受，這是愛的表現。

對於愛情，在某個意義上，是一種緣分。兩個人之中，只要有一個人無法動情去給出一點情趣，只剩下習慣、責任，這種關係會讓人厭煩。而學習感受對方就是一種私密又有情緒的互動。我知道你的想法，你知道我不爲人知的需求，才能眞的達到互相的體貼、尊重。

聽過一句話：「人，容易用情緒做決定，然後再用邏輯來說服自己去執行這個決定」。但，只有邏輯，是不能經營好一份愛情。情感的層次和理性的知識，要平衡地去學習：學著感受自己的感受、學著感受對方的感受，愛才能變得完整。有意識去學習愛的藝術，形成美好的內在狀態，你就可以創造美好的愛情。

Story 04 巨蟹座

親吻：等待被愛

有時候，當命運終於要以最重要那個人開場的時候，祂會適時抹去你的部分記憶。也許你會暫時忘記那個人的臉長什麼樣，也許你會忘記那天的那件事是怎麼開始的。很奇怪，最重要的反而會變得模糊，是不是潛意識裡，在害怕什麼？

小喬心裡很亂。她不敢相信剛剛自己對著男友大吼大叫。她覺得再這樣下去，自己會變得可怕。現在，她不只是對男友失望，更是對自己失望。事情演變到現在，她覺得就是自己當初沒有堅持那個選擇——分手。

對於分手，小喬已經想了一陣子。感覺只要分開，就能化解他們現在的膠著狀態：兩個人已經沒有耐心，所有的記憶和互動好像只剩下新仇舊恨，他們就是互相看不順眼。

可是，看看家裡這一切，他們怎麼分得開？小喬本來氣得跳腳，想整理點東西出來，趁著假日去民宿住一晚，好一個人散散心，把心情沉澱一下。打開櫃子，一半是自己的衣服，一半是他的衣服。襪子一起放在下面的抽屜裡。打開抽屜，隨手拿只筆，好像也是上個月他在市集看到替自己買的。再看看洗手台上的牙膏，被他攔腰擠壓的不成形，如果不是她每天幫牙膏整型，這應該是全天下長得最醜的一隻牙膏吧！浴巾微濕掛在牆壁上，爲了減少洗衣量，他們已經習慣用同一條浴巾。小喬苦笑，嘆口氣。愛情長跑這麼多年，她第一次發現，假如他們要分手，光是家裡的這些物品就很難分。

小喬倒杯水，窩到沙發裡。窗外的天氣陰陰的。天上的雲跟她的心情一樣，烏黑又沉重，隨時都能掉出眼淚。小喬吸一吸鼻子，覺得身體空空的，找不到沙發的邊界，也沒辦法順暢的呼吸。她煩躁把頭埋到毛毯裡，在靠枕和毛毯之間找到一個舒服的位置，擁擠的縫隙爲她的額頭傳來一陣安全感。

恍惚間，她想起，那天，他邀她去看晚場電影。那是他們第二次約會。第一次約會他們是去吃早午餐。她走錯路，找不到餐廳。他說：「妳先看看妳在哪？站在原地不要動，我去找妳。」後來，他一路小跑，找到她，她覺得很抱歉。他笑笑說：「沒關係，我們去吃早餐。」

她在餐桌上默默打量著他。一頭超級濃密的短髮，又黑又亮。耳朵上戴了一隻銀色的耳釘，耳釘有酷酷的花紋，微微偏黑的銀光裡彷彿藏了滿滿的故事。他還戴了一條銀項鍊，項鍊的墜子埋在棕色的羊絨毛衣裡。他的手指關節有點明顯，但是指甲和皮膚都乾乾淨淨的，一看就是一雙很有力的手。左手的手腕上帶了一根紅線。小喬很好奇這根紅線是什麼。看起來不可能是月老廟的紅線。大男生戴紅線做什麼呢？「所以，我就留在社團裡幫忙。那妳呢？」他的提問打斷了她的觀察。前面他說的話，她一開始也沒想認眞聽。看到這根紅線，小喬才開始覺得自己對他蠻有興趣的。然後她就答應他，第二天一起去看晚場電影。

小喬本來想說就單純和他一起看電影而已，也沒想太多。畢竟感情這種事，一開始很容易因爲衝動而想不清楚，如果兩個人相處不來，分手也是很快的事。小喬不想這麼衝動，她習慣看看再說。電影很好看，小喬看得很投入，他們在電影院沒有發生灑狗血的牽手、接吻情節。這一點讓小喬覺得滿意。慢慢來總是讓她比較安心。他似乎也了解這一點，毫不含糊的一點點配合。

那天天氣非常好，晚上的風溫溫的帶著些微清爽感，他提議開車去遊車河。白天的路上，車子一多就覺得擁擠。一樣的情境，到了晚上，天幕低垂，車燈亮起。一點點黃黃的、紅紅的光在車子前後閃過，讓人感覺彷彿遊走在銀河系裡一樣自由。

看來人的心比眼睛自由的多。

到一個河濱公園，停了車。他說：「我們下車走走吧。」小喬點點頭，低頭正在解安全帶，然後她感覺自己的頭被兩隻手抬起來，一個溫熱的吻已經貼在她的唇上。她來不及反應、來不及感受，那個吻就以一種不能迴避的能量，穿牆鑿壁似的烙印在她的心底。他看著定格的她，笑了，伸手摸摸她的頭。

想起來了！小喬從沙發上跳起來。原來他們第一次接吻是在河濱公園的車上！這個吻讓她心裡的小鹿不安份好一陣子。但這幾年來，她怎麼都想不起來，他們的第一次接吻是怎麼發生的。現在被喚醒的溫暖記憶，帶著一股暖流鑽到她的心裡。她覺得自己整個人都好了。

她走去床邊，看著正在熟睡的他。她仔細端詳著他的臉，就像第一天吃早午餐那天一樣。他的頭髮還是一樣的又黑又亮，只是現在亂亂的壓在枕頭上。他的耳垂空了很久，耳釘在桌上，現在很少戴它。小喬就這樣，讓自己安靜下來，安靜看著他，他好像也沒那麼討厭。他確實最近工作壓力很大，睡覺的時間都很少，哪有什麼時間跟她度假呢？想到這裡，小喬有點心疼他，覺得雖然自己工作壓力也很大，但沒必要因爲想要他多陪陪自己而跟他吵架，好像自己也太孩子氣了，應該互相體諒才對。

小喬不自覺摸摸他的頭，就像第一次接吻時，他摸她的頭那樣。穿越時空，她能感覺到他對自己的呵護和心疼。這樣就夠了。

關鍵詞：親吻

親吻，
從歷史來看，並不是因愛情而來。
親吻，
是美索不達米亞人取悅神的方式，
是波斯人打招呼的方式，
也被早期基督徒認爲，是接觸另一個人靈魂的一種方式。
親吻對你而言代表什麼呢？
當然現在對我們來說，親吻就代表著愛。
一種親密的、專屬的愛，
一種索取的、宣示的愛，
一種正在進行的、享受的愛。

親吻也可以說是一種認證，

可以是童話裡復活術似的神祕之吻，
也可以是戀人間臉紅心跳的初吻。
總之，
親吻就像蓋章一樣，
兩人的關係會因爲一個親吻，
變得更親密、更進一步，有了更多的可能。

星座與愛情：

巨蟹座平常很細膩、很愛照顧別人，但其實他心裡面眞實的想法是：「如果可以，我才懶得管那麼多！」可是他不能接受自己是一個冷漠的人。因爲巨蟹深信冷漠換來的只有冷漠，而溫暖換來的才是溫暖。就算單純作爲交換條件，他也想要自己生活是溫暖的，這樣她才不會感覺到孤單。把生活過好是他人生的意義，所以如果感情還能維持，他也不介意自己多假裝一會。當然，最理想的狀態就是，想法契合，這樣巨蟹更有愛的衝動。

有一點不能忽略，巨蟹愛的是一個可以由他掌控的家。這個家要爲他打造、對他包容、給他溫暖。他覺得一切都舒舒服服，才會多少給你一點信任。巨蟹對誰都是「居家溫暖型」的樣子。這種溫暖，是巨蟹特有的，就算覺得不被愛也一樣。這也導致巨蟹更加缺乏安全感。他隨時在找退路、隨時怕東怕西，總是要留一手，絕對不會飛蛾撲火、不給自己留後路。巨蟹這種好像很可以、又好像還不可以的感覺，會讓你的心裡總是七上八下，猜不透他的想法。

愛情送分題：巨蟹天生溫和，沒有距離感，再加上言行細膩體貼，爲人帶來知心的親切感，非常受大家的歡迎喔！

給巨蟹的建議：巨蟹的世界需要放很多感情：談情說愛、看星看海、讀書寫字，多少有點「自閉呆」的症頭：陷在自己的世界裡感嘆人生，常常淪陷在胡思亂想中。故事裡小喬就很清楚，就連生氣到想分手，都可以自己一個人苦思冥想，壓抑到不能再壓抑，也不想麻煩的跟男友爭論。這種心態來自於逃避和缺乏那麼一點點的自信。

但要知道，巨蟹不只是水象星座，只知道壓抑自己而已。巨蟹還是開創性的星座。「被動但骨子裡又感覺必須要做點什麼」就是巨蟹情緒的來源，躊躇不前的矛盾源頭。小喬就是這樣把自己壓的喘不過氣來。想做又想太多、驕傲又膽怯。要怎麼做才能平衡這種放不過自己的自我衝突呢？

到忍不住了，終於想要發洩情緒的時候，巨蟹的動力才會被喚醒。但這種時候去處理事情，很可能會因爲情緒化而把小事變大、一發不可收拾。就像小喬忍不住對男友大吼大叫，連自己都嚇到。

最好的方法，就是在情緒化的時候，轉移注意力，做點什麼都好。這種「放空療法」對於糾結的巨蟹來說算是比較無痛的處理方法。

當然像故事裡的小喬，如果在一段關係裡覺得壓抑或孤獨，很容易因爲「對方不懂自己的愛和付出」而情緒化。必須說，巨蟹平常銅牆鐵壁、耐操耐摔，只有在感情上是易碎的「玻璃心」。對感情，巨蟹也容易先設想最糟糕的狀況，從最不好的可能開始小心。總想著，萬一哪一天兩個人的感情變不好，他們也可以因爲早早做好心理建設，而不會有過於心痛。作爲另一半，要小心翼翼呵護巨蟹的敏感多疑，確實蠻辛苦的。巨蟹自己也要有所覺悟喔！

三個糾結：

(1)帶著害怕失去的心情去談戀愛，無法得到對方的信任。

(2)一直去付出，不等於展現自己開放的態度。

(3)只有精神層面的交流，很難有真正的情感連結。

三個成長：

(1)相信自己的感受，才能踏實的面對一份關係。

(2)想要得到對方的支持，就要先打開自己。

(3)愛情就是透過生活去感受對方的過程。

故事的後面：

擺著不用、想著有機會再用，或者珍藏多年才拿出來看一次，或者滿心喜歡但等用到的時候才去找……這種心態，不僅會在收藏物品的時候會發生，更多的時候，我們就是用這種心態來對待最親密的人。忘記珍惜，這是一個容易發生遺憾故事的心態。

珍惜，對物來說，就是要發自內心的眞心喜歡，要常常看、常常用，把它擦乾淨，放在好取用的地方。對人來說呢，就要發自內心的眞心喜歡，要常常關心、體貼對方，他需要的時候給他包容、理解和支持。

一心想要分手的小喬，終於因爲想起和男友第一次親吻的情節，而願意打開心，理解和包容男友跟自己的不一樣。最後放下自己的堅持，願意爲了愛再努力一次。

沒有一個人，可以用別人心裡想像的方式去過生活。小喬覺得男友應該怎麼做，和她的男友心裡怎麼想，是不能劃上等號的。也就是說，男友因爲工作太忙太累，沒有適當的表達出對小喬的關心和體貼，也不能說，男友就是不愛她、不願意陪她的。這是沒有安全感的時候，我們常常會出現的心態。往往這種心態是來自於太熟悉後變得太隨便的結果。

可以試著透過日常生活，來提醒自己珍惜的重要性。比如，可以問自己：什麼時候開始住在現在的這個家？第一次看到這個城市，第一次看到這個家，第一次看到家附近的風景是什麼感受？當時心裡有哪些人和事，讓自己感覺美好、讚嘆、興奮呢？哪些人和事給過自己滿心滿腹的幸福感呢？再問問自己，現在還有這樣的幸福感嗎？相信，我們大部分人都容易忘記曾經的美好。是的，因爲每天看到、常常看到，習慣了，就會覺得一切都很平常，一切好像就應該長成這個樣子。習慣到有時候會忽略，還會覺得不滿足。

我們對自己，對最親密的人，也會有像小喬這樣「忽略美好、貪心不滿足」的時候。被視爲理所當然的那些美好，是我們的幸運，這一點，越成熟的人越會常常提醒自己。畢竟沒有什麼是永恆的，不珍惜，就會失去。失去幸運，那是多麼令人遺憾的事啊！

Story 05 獅子座

填補：心沒分開的分手

有些人，遇到他就是爲了把遲鈍的你驚醒，讓你明白，愛情就是一列不能退票的列車。如果找錯人，上錯車，想在這列「屍速列車」上好好的活著很難、想下車可能更難。所以，如果在上車前，發現這個人是錯的，不管你怎麼痛，已經算是非常幸運了！至少你不用跟殭屍們鬥智鬥勇，浪費青春。

今天是雅靜在這間旗艦店實習的第二個月第一天。沒想到，這個月她不用換到另一間店。那間店在商圈大樓裡，白天也要開著沒有什麼氛圍的白熾燈。在這棟永遠擺滿商品、堆滿貨箱的大廈裡，每個角落都需要被照的透亮。一起實習的同事說，在那裡待久了，覺得自己的大腦都被白熾燈晒乾了。想著對面櫃檯大叔呼出的氣體很快就會流到她肺裡，就讓她覺得窒息。

照慣例，公司新進員工要實習兩個月，每個月會被安排在不同的通路商實習，以便讓新進員工更快熟悉公司的一切。公司的通路分兩種，一種是環境美、地段佳的旗艦店，另一種就是魚龍混雜的商圈大廈。第一個月雅靜被分配在大家超想去的旗艦店，第二個月就應該去商圈大廈的商鋪。雅靜私底下覺得，商鋪雖然暗無天日、什麼人都有，但對她而言，就是份工作。上班又不是去旅遊，只要薪水好、有發展潛力，她就會去。那些每天抱怨的同事，她相信他們的大腦眞的被白熾燈晒乾了，連這簡單的邏輯也不明白。

老天很好玩。如果你不計較，祂就會給你超乎想像的回饋。

雅靜本來還利用休假時間去商圈看了看，好在第二個月第一天去上班的時候，做好心理建設。誰知道，昨天開會的時候，主管說：「妳不用動，繼續在旗艦店就好了。」會後，同事們炸了鍋，覺得雅靜好運氣。雅靜臉上笑得開心，但她心裡知道，她就是把失戀的力氣都放在工作上了。業績好，旗艦店老闆不願意放她走，才是事實。

說到失戀，雅靜也不是第一次分手。她記得第一次分手的時候，好像經歷世界末日一樣，那種無助和慌亂，她現在都記憶猶新。這次是她第三次分手。她已經可以理性的把這些失戀的情緒分幾個步驟，和平的與它們相處。對她來說，失戀就是不習慣旁邊沒有這個人，如此而已。既然已經決定分手，就是兩個人不適合，那還留戀什麼。

雅靜從不對外訴苦，不是怕被說閒話。她覺得，只有自己最了解自己。清醒之後願意承認自己錯了，願意承認自己付出的感情跟想像的不一樣，願意承認那個人根本不適合自己，是一件痛苦的事。但這些都跟自己有關。說出去，誰又能救得了自己呢？而很多苦都是自找的，清醒之後趕快歸零補救就好。所以說，訴苦只會浪費時間，根本沒有必要。

雅靜看起來柔柔的：講話溫柔、動作也溫柔。幾任男友都覺得她應該是個乖乖女。願意安靜的聽安排、願意撒嬌、願意相夫教子煮一桌好菜。雅靜也不是做不到。就是覺得不甘願：如果沒有被了解，還要用力配合，怎麼可能開心。

「算了！可能個性太強就不適合談戀愛吧！」雅靜一邊巡視著店裡的客人，看看他們有沒有需要服務的，一邊獨自在大腦裡不停周旋。旗艦店的空氣真的很好，陽光也充足，舒服的地方，就是容易讓人想太多。

其實前任雖說分手，還是會常常關心她。前陣子家裡親戚來，還順便約了前任一起吃飯。雅靜不想跟親戚多說分手的事，畢竟畢業後工作剛起步，如果家裡人知道自己已經分手，又要各種開導、訓話、相親，她這份工作就不用認眞做了。而前任配合得天衣無縫，兩個人很有默契，這讓雅靜覺得這個人多少還能當個朋友。

人就是很奇怪，總是對擔憂的事情特別在意。雅靜就是很在意前任玩網遊這件事。心情好、心情不好、跟朋友一起、不跟朋友一起、跟她吵架、沒跟她吵架，前任都想要掛在線上玩遊戲。玩著玩著，還認識了一幫隊友，還跟女生一起在網路上結爲網路夫妻一起打怪。她不懂他到底是在搞什麼！生活上已經有一堆事情等著去處理，一堆搞不定的事排隊等著去挑戰。怎麼還有時間在網路上找事情忙？雅靜就這個觀念，不知道跟前任討論過多少次。每次想著好好溝通，最後都是以吵架收場。吵到後來，雅靜才清醒：他們想要的生活完全不一樣，那還強求什麼？

雅靜本來特別找了一天，想要好好跟他聊一下。兩年半的青春歲月，還是有值得回憶的甜蜜。她覺得不能就這麼感情用事、草草結束。他們也許還是相愛的，只是太想逃避，忽略對方的存在，或許他們之間還有機會。到了約好的那天，雅靜帶著油然而生的感傷傳訊息過去——

「你在幹嘛？」

「沒幹嘛。」

「一起吃晚餐嗎？」

「明天吧，今天跟朋友約了。」

「你在哪？」

「在家。」

「方便講話嗎？」

「要晚一點。」

「在線上？」

「嗯！」

或許，有些人的幸福剛好就是另一些人的痛苦吧！

雅靜覺得自己傻。

關鍵詞：填補

美好的愛情能讓人覺得甜蜜滿足。

想過這是爲什麼嗎？

因爲愛？

因爲奇妙的緣分？

品嚐過愛情的甜蜜——那種美妙又心滿意足的滋味，

愛情就讓人深深嚮往，再也無法自拔。

寂寞孤單、傷心難過的時候，
想要有人在身邊像戰神一樣打敗一切困苦。
他要有堅實肩膀，
他要能指引人生的方向。

但愛過之後才會明白，
愛情終究不是萬靈丹，
愛情可以帶來快感，也可能帶來創傷。
愛情能提供依靠，也更容易在失落時帶來空虛和孤單。
在這條爲了填補心靈空缺的路上，
愛情最終帶領我們找到屬於自己的勇敢和堅強。

星座與愛情：

獅子座平常友人脈廣、朋友多、面子大。獅子表面上把自己經營得很風光，說一不二、什麼都拿得起放得下，但事實上，獅子也很容易很沒有安全感。他總覺得事情發展的太好，就很有可能有大問題隱藏在其中。同理所見，他認爲關係看起來好，很有可能背後有各自的謀劃。這也可以理解，以獅子這麼大方又「罩得住」的個性，很難不吸引想利用他的人。久而久之，獅子很清楚所謂「過河拆橋、被當棋子」這樣的事件出現也正常。因此，獅子總想要提早部署，以免有任何閃失。

但，在感情上，獅子就沒有這麼理性。感情投入下去，他就太容易相信人。雖然也會小心翼翼去觀察，希望寧缺勿濫，但獅子畢竟是太陽守護的樂觀個性，難免判斷過於武斷而導致變成多情的人。

獅子需要一個人的小確幸時光，享受獨處，這樣能把心裡懷疑東懷疑西的感覺淡化。但獅子更享受談戀愛的時光。工作、感情、成就都要有，才是獅子的王者標配。當然啦，獅子在戀愛市場上是很有「口碑」的。可靠也霸道，熱情也囂張。有人愛有人嫌，獅子也習慣了。因爲格局夠廣、野心夠大。通常獅子是越老越沉穩。就算在感情上糾結，也很快就能找到答案。

愛情送分題：老練而有智慧、心胸寬廣、心懷天下、喜歡分享，還能夠自娛自樂。獅子基本上符合「積極心理學」裡樂觀積極、有理想的人，值得好好相處。

給獅子的建議：獅子私底下也有不想被看到的一面：孤僻、冷漠、愛忌妒、佔有慾強，還寂寞不堪，這些只有他本人清楚。自信樂觀是做給別人看的面具。尤其經歷過感情低潮中的獅子，更是「可遠觀不可接觸」，他習慣把自己和別人之間隔一層屏障。

不管是戴面具，還是逞強愛面子，又想跟人接觸，又想把自己和別人隔離開。這就是愛情裡獅子眞正的樣子。

故事裡的雅靜就是這樣：面對責任她會努力，但獨當一面承擔責任的同時，孤獨、寂寞、空虛就會找上門。習慣堅強不代表眞的堅強。把自己武裝的強大，只是在爲自己爭一口氣。雖然有點念舊，不小心也會多情，但雅靜心裡清楚，自己就是想要等待那個懂他的人出現。

獅子就是這樣——陽光寫在臉上，苦放在心裡。想要接近驕傲的獅子、想要了解眞實的獅子，就必須先讓他覺得你夠好。你的好要是最眞實的那種：可能不是最美最帥的，但是最溫柔、最有格調的；可能不是最高壯的，但是最有毅力、最有才華的……眞實、有才、坦率是獅子最看重的。不過，以上這些，你不說，誰能看得懂呢？

打開心去認眞相處，先不要看自己表現的夠不夠完美，而要更重視兩個人之間的互動有沒有夠自然、夠舒服，這才是獅子要注意的。太在乎自己的感受，就會忽略掉對方的努力。要知道，大家都是有個性、有自我信念的，互相多保留一點空間，才有進一步的深入溝通可言。

三個糾結：

(1)不了解愛的表現方式，很容易誤解對方。

(2)別人認可我們，不代表這就是愛的表白。

(3)了解自己，也不代表你就能在情場如魚得水。

三個成長：

(1)培養對愛的感受力，能讓我們好好的被愛。

(2)兩個人互相認可是產生關係連結的第一步。

(3)愛情是人生的一部分，但不是全部。

故事的後面：

每個人都有自己的一個「愛情地圖」，這是我們從小到大，各種經驗加基因匯總的綜合，所編織出來的一個愛情系統。只有遇到符合「愛情地圖」的人，我們才比較容易有感覺，比較願意忍耐和妥協。但大部分人只能從不適合自己的愛情開始尋找：「不對啊！這個樣子我無法接受！」「我想要的是……」用這份心情推動著我們不斷去感受和分辨。這樣才有機會確認，自己想要和什麼樣的人在一起。

故事裡雅靜正在經歷在「愛情地圖」裡確認自己感覺的階段。感情發展的不順，就先把工作做好。有機會重溫舊情，再三確認後發現兩個人的愛情觀、人生觀、價值觀完全不一樣，眞的不適合，她也就不必再念舊和多情。

曾經看過一份研究指出，「愛情」最多只能給人四分之一的滿足感。剩下的四分之三需要人生的其他面向來補足。也就是說，再怎麼努力，愛情也無法給我們百分之百的滿足感，滿足心裡所有的需求。雅靜是對的，愛情還沒來的時候，那就好好工作吧！那四分之一還沒出現的時候，還有四分之三的滿足可以靠自己的努力達成。

再看看這屬於愛情可以給的「四分之一的滿足」，它很不確定。感覺本身不確定性就很強，感情的不確定性就更強。它就像水一樣，可以在地面匯聚成江河大海，也可以在空氣中昇華成迷霧雲彩，還可以在山峰間成凝聚成霜冰雪雨……流動是感情的存在方式，這是感情的本質，更是愛情的本質。除了從愛情的表現形式來看，愛情有著不確定的本質。從時間線來看，愛情也是不確定的。無論年少無知，還是人到暮年，我們對愛情的定義和認知，都會有很大的不一樣。你要的是細水長流，還是轟轟烈烈，會因爲有階段性不同而有不同的需求。

不得不說，「愛情」的浪漫與激情，很容易給我們一個假象——它可以塡補我們的精神空虛。傳說和劇本，可以拉著我們逃離現實，在虛幻中去品嚐傷口癒合的味道，拉著我們逃避現實中的平凡和無奈。但當激情歸於平靜後，就不得不面對，想要感受到充實，只靠愛情的力量是永遠不夠。

不過，雖然靠愛情塡補空虛是一種自欺欺人。但不能否認的是，美好的愛情，確實可以錦上添花，在一個人沒有力量的時候，注入勇氣。前提是，我們自己要先可以給那「四分之三的滿足」。

雅靜後來給自己一段時間去看書、上課、好好工作，藉此來了解自己、滿足自己。她希望透過這些努力來確認自己的「愛情地圖」版本，藉此調整好自己的心態。了解到想要的愛是什麼。現在就算是一個人，她也沒那麼慌了。

Story 06 處女座

依賴：只想每天看到你

聽過時間的聲音嗎？滴答、滴答、滴答……當你正在想一個人，你的世界就被時間折疊，整個心空蕩蕩的，只留下時間的聲音，在耳邊孤掌難鳴。

小美驚訝的合不攏嘴，她此時不知道該往前走，還是該後退。就這麼撞個正著，他牽著女生的手，正迎面走來。他一副理所當然的樣子，女生含笑百媚帶著一點嬌羞。

昨天他才對小美表白。他說的每句話都在小美的意料之中。簡單總結一下就是：他其實現在跟一個女生在一起，但很快他就會分手，他非常需要女生的資源，他眞正喜歡的是小美。雖然答案跟小美想的一樣，可是，聽他親口說出事實，小美越發覺得混亂。已經確定自己不可能是女友，至少現在不可能是，但她還是無法瀟灑地離開。這點混亂再次證明自己喜歡上他。

第一次遇到他是在圖書館教室。市立圖書館不是很大，室內挑高分三層。樓梯蜿蜒而上，給人一種只要你爬好「書山」，就可以登高望遠、獨領風騷。小美每次來圖書館看書，一定要一步一步爬上三樓。這是一種讀書前的儀式感。她感覺自己每次來這裡讀書，人生境界就像這裡的台階一樣，可以一步一步往上提升。在三樓讀書的人沒有太多，畢竟背著厚厚的書一口氣爬上三樓還是有點累。因此，小美很享受三樓的清靜。

小美記得很清楚，氣象中心說，那天是夏天雨季開始的第一天。外面的雨下得很大，圖書館暗沉沉的。她很喜歡雨天，天地連成一片，人變少了，世界變得混沌，思考就顯得更清晰，很適合讀書。看著窗外把空氣劃成無數線條的雨，餘光中，有個男生坐到她旁邊。

「週末還來唸書？好認真喔！」他遞了一張紙條給小美。

小美抬頭看看男生，確認自己不認識他。

「我每次來這裡，都坐在妳後面。妳好認真喔！覺得佩服！」又一張紙條塞過來。

這個年代還有人寫紙條，小美覺得男生很特別。就和他聊起來。男生是數學系的，正在準備博士論文。這讓小美肅然起敬：數學系的博士啊！那就是權威中的權威啊！也許就是這份肅然起敬，讓小美從來沒有懷疑過他不是單身。

第二天，男生就邀小美去看午夜電影。小美特別穿了一件淡藍色的洋裝。洋裝像蔚藍的海洋擁抱著沙灘一樣，襯著她爽朗明快的笑容，尤其在暗沉沉的雨季，讓人看了就不自覺跟著開心起來。電影結束後，他牽起小美的手，然後順著她的腰從後面環抱住她，兩個人對著電梯裡的鏡子，他說：「妳看，我們有夫妻臉欸！我們在一起超級般配的！」男生說話時呼出來的氣噴到額頭上，小美的心跳馬上就炸開來……

深吸一口氣，小美把自己從回憶裡拉回來。遲疑之下，小美沒有往前走揭穿他，但也沒有往後退躲避他。她看到男生默默瞄了她一眼，兩個人眼睛對到不到一秒。隨即，小美右轉彎走到旁邊的巷子裡，假裝自己本來是要去買咖啡的。整個不到一分鐘的過程，小美已經和男生糾結兩個回合，男生旁邊的女生毫不知情，彷彿她的世界只有鳥語花香。

坐在巷子裡的咖啡店，小美心跳得厲害。她的腳等不及想站起來，衝出去找男生問個清楚。「你不是不喜歡她嗎？爲什麼還牽她來圖書館？」「你不喜歡她，她怎麼可能笑得那麼開心？」「有什麼資源是一定要賣身當男朋友才能拿到的？」「你把我看成什麼？請給我一個交代！說最喜歡我，然後你就可以爲所欲爲了嗎？」她心裡的問題越來越多、她的腳蠢蠢欲動，她的心卻死死壓著她的身體，不准她輕舉妄動。「算了，見面的時候再問吧。」

她第一次覺得自己不爽快，但這種壓抑裡，飽含的是期待。

聽說拼圖有魔法，可以讓時間變快。這個端午連假，小美特別去買拼圖。拼圖裡，空靈的仙子在夜空下美得閃閃發光，就像她和男生的愛情一樣，神祕又有致命的吸引力。小美很想快點拼完拼圖。她想親眼看看夜空下這位仙子到底有多美。

每拼一塊拼圖，小美就想他一次。他在做什麼呢？他什麼時候回我的訊息呢？他應該和家人一起很忙吧？還是他約了那個女生？他難道不怕我生氣難過嗎？還是他帶著女生跟家人一起過節？

小美越想越亂，手裡的拼圖跟著越拼越快。她不停在一堆拼圖塊裡，找自己想要的那一塊……

男生終於在連假結束、開工後的第一天下午回了訊息：「不好意思。連假事情太多，來不及回妳訊息。放假有好好休息嗎？今天晚上可以和妳一起吃晚餐嗎？」小美看到自己期待了四天的訊息，含著眼淚笑了。她知道自己傻，但好像這樣也沒什麼不好。

晚上，他們見面了，男生依舊在電梯裡從後面環抱著她，對著鏡子裡的她說：「妳好美。」聽到男生深情款款、溫柔的聲音，小美好想把時間永遠暫停在這一刻……

就這樣，小美慢慢習慣等待的日子。「單戀別人的男友，何苦呢？」姊妹淘忍不住問。

小美品一口手中的曼特寧說：「我原本也以爲我在期待他回我訊息。後來，我才發現，我其實是喜歡上等待回覆訊息的那種幸福感。」

關鍵詞：依賴

依賴是一種彌補，也會內隱一種不愉快的敵意。
依賴是一把兩面刃，
在愛情裡，能依賴對方好像是一種幸福，
但更多時候，是害怕失去。
在愛情裡，
擁有依賴關係的人，多數很難互相尊重、對等相處。
如果把依賴當成是出路，
這種依賴成癮的背後是逃避自己的軟弱。
不夠健康的依賴關係，
會吞噬自信和自尊。
好的依賴關係也是存在的，
這種依賴中有平衡和互補。
信任是依賴的前提，

自我強大是依賴的後盾。
好的依賴關係是成全別人後的成全自己。

星座與愛情：

處女座最擅長的不只是很會「焦慮」和「碎碎念」，處女座有一個自己都不想說出來的祕密，就是他其實比誰都急躁。他心中每天會有很多疑問，而每一個疑問都想要快速得到精準的答案。而且，通常他想要的比別人能給的還要多。要求這麼高又這麼龜毛，還要盡善盡美，這些都是處女座心裡不能說的祕密。不管處女座平常在焦慮什麼，只要你再往下問五個爲什麼，你就會發現，其實他只不過是覺得寂寞，想要有一個好的歸宿。

處女座一開始談戀愛還蠻浪漫的，因爲他們平常是一個蠻無聊的人，習慣理性分析、理性討論……平常的生活就是一些理性的節奏。只有談戀愛才能讓他覺得「人生很美好」。雖然表面上，他還是很注重各種條件，他要的都是很實際的互動，比如說要說晚安、去哪要報備之類的，好像沒什麼特別的。但事實上，處女座有這麼實際的要求，就是因爲他需要有確定的感覺。確定你正在忙什麼、確定你們眞的在一起、確定你認爲他很重要。這也是爲什麼處女座很喜歡照顧別人的原因：他希望你也一樣可以照顧他。

處女座常維持一副一本正經的樣子，又常突然變得特立獨行。他的這些衝突感，全部出自心裡的不安，他卻需要確定性。所有的擔心、自卑、懷疑、難過，都會讓理性的處女座失去平衡。所以，跟處女座相處，耐心和甜言蜜語都很重要。只要平常給一些簡單的鼓勵、溫柔的擁抱，還有在他辛苦過後說一句：「我覺得你好棒。」「我好愛你。」之類的話，處女座就會覺得一切都值得！

愛情送分題：處女座，日常的個性實際、內斂又理性，平常一絲不苟很會察言觀色。但放鬆的時候，處女座好奇、愛玩又喜歡求新求變，會是穩定又有趣的好伴侶喔！

給處女的建議：處女座認爲的感情，既要有感情中的默契，還要有物質上的安全感。沒有感情的默契，就代表兩個人之間互相不在乎對方，更沒有要有心維護好一份關係。沒有物質上的保障，生活中的任何小事，都很可能引發兩個人之間無端的爭執猜疑。

故事中的小美，就是因爲重視物質的安全感，所以也能理解男生所謂「需要資源一定要跟別的女生交往」的鬼話。她知道自己對感情的要求很高，但是不得不堅持自己的要求。她也知道感情關係處處都是不穩定和傷害（雖說這是土象的處女座最不願意遭受的痛苦）。所以，當這個男生跟她相處得很好，讓小美覺得是一個可以定下來、有安全感的關係，她就會很想把握。畢竟符合處女座龜毛要求的人是少之又少。

處女座一旦找到心儀的對象，像故事中小美開始喜歡上那位男生，但後來又發現男生其實是跟別人在一起的。身爲處女座的內心，不是馬上分手，而是會「天人交戰」一番，而往往她最後的決定還是要跟這個人在一起。雖然橫刀奪愛並不是處女座的本意，但是誰讓處女座自己愛上了呢？而且男生還符合她所有的想像。處女座是變動星座。一旦遇到一條行不通的感情路，但是這個人又很喜歡，爲了自己能夠繼續愛下去，處女座最後還是會選擇去等待。

所以，小美越是對感情謹慎，越難對男生說再見。談戀愛，從朋友開始，慢慢了解一個人，這對處女座來說是非常必要的過程。告別一個，再去期待遇到另一個，對處女座來說實在有點累人。

但，屬於別人的人，眞的能等得到嗎？處女座，不管你有多少種理由，要醒一醒！

三個糾結：

(1)沒有限度的依賴對方，是不成熟的表現。

(2)在關係中，不是一直付出，對方就會珍惜。

(3)表面條件，不能完全體現一個人的本質。

三個成長：

(1)兩個人要互相支持對方，感情才能越來越好。

(2)在付出的同時，要尊重自己的感受。

(3)在愛情中，透過相處，才能瞭解對方真實的樣子。

故事的後面：

故事裡小美願意等待跟別人在一起的男生，也許很多人都覺得匪夷所思。但這樣的傻男孩、傻女孩在現實中眞的不少。這種心理屬於過於依戀的心理狀態。

關於愛情關係中的心理依戀，一九八七年 Hazan 和 Shaver 兩位學者，沿用英國心理學家 John Bowlby 提出的依戀理論（Attachment Theory）指出，成人戀愛關係中的依戀型態分爲三種：安全型依戀、逃避型依戀、焦慮型依戀。

其中，安全型依戀者，對伴侶關係容易產生安全感，兩個人的關係可以保持一定程度的心理距離，也不會感到焦慮，有能力支持另一半勇敢追夢。而逃避型依戀者，習慣抽離自己的情緒，追求自我獨立的背後是深層的矛盾與痛苦，通常是內心自卑情緒無法讓對方看到。最後，焦慮型依戀者最常出現情緒黑洞，希望另一半能夠幫自己補足內心的空虛，也常透過回憶另一半的體貼、用心來給自己安全感。

在這三種依戀關係中，很不幸，小美屬於「焦慮型依戀者」。她靠著男生和她相處時的美好回憶，支持她忍耐所有她不能忍耐的事：比如不常見到男生、男生還沒有跟她確認交往關係、甚至男生已經跟別人在一起……她的美好回憶就是能支撐她「相信男生會跟自己在一起」的信念。當小美理解到這一點的時候，內心築起的那道高高的戒備才轟然倒塌。這時候，她能夠看到自己對愛情的渴望和卑微。但好的關係，不需要我們用折損自己的自尊來維護。了解到這一點的小美，最後學會拒絕。

誠然，每一個人都會想要依賴。依賴是我們小時候的習慣。不過當我們長大的時候，更要學著依賴自己，而不是依賴別人。

最近幾年，我們頻繁提倡「愛自己」這件事。

愛自己，不是在需要的時候，才來給自己溫暖和安全感，在不需要的時候，就不用愛自己。愛自己，就是要好好的守護自己，每時每刻，要與自己同在，要在平時就關切、感受和尊重自己。

學著依賴自己，是最健康的獨立。

Story 07 天秤座

包容：要不要一起去冒險？

有些心裡的話，只願意說給陌生人聽。因爲不認識，心裡沒有罣礙，也不怕被先入爲主的貼標籤。那些不知從何說起的話，對著陌生人說，反而感覺特別痛快。這是一種「陌生的力量」，這股力量能療癒你憂傷的靈魂。

姜姜快悶壞了。她對他與其說失望，不如說覺得假。怎麼有人可以這麼冠冕堂皇的騙人呢？她不僅覺得自己被騙，還覺得自己是個很好的「幫凶」，幫著他把自己騙的心甘情願。想到這裡，姜姜搖搖頭。她想要甩掉這半年來的荒唐。一個覺得她什麼都好的人，最後跟廚房後巷的老鼠一樣，不敢露臉、不敢面對這一切。

分開也好。有這種想法，姜姜不覺得是在自我安慰。她覺得這種狀況，就應該收起感性，拿出工作中果斷的決策精神。離開渣男沒什麼不好！姜姜決定，趁這次出差多請一天假。在這個浪漫的城市多留兩天，看能不能把心裡的壁癌晒乾淨。

這座城市是義大利中部的一個小城。就在弗羅倫斯的南邊，車程大概要兩小時。聽同事說這裡有個可以讓人心曠神怡的民宿，姜姜馬上在出差的第二天就下訂。她太需要一個浪漫又人煙稀少的地方：陽光、充滿草香樹香的空氣、美食、幾本書，就這樣一個人靜靜待幾天，整個人可以馬上活過來。

到達民宿已經是晚上。拉著行李箱，姜姜看著有點不眞實的月亮散發出瑩瑩的月光。月光傾洩而下，打在左邊小樹林的樹梢上，樹影婆娑，裡面不時傳來貓頭鷹悠悠的叫聲……**大自然很奇妙。只要你的心夠靜，就能感覺到祂的頻率，那些頻率可以跟你的心直接相連，散發出優雅的旋律，讓人陶醉**。姜姜感覺自己就好像走在音樂廳，動聽的交響樂放鬆她緊繃的神經。腳步跟著自然放慢、輕盈，身體也順著呼吸的深入而多了些清爽……

前面紅色尖尖屋頂下，有著當地特有的石頭砌成的門窗，暖白色麻質的窗簾恣意從窗內翻出，任由鑲嵌的蕾絲邊狂歡跳舞。夜色迷人，姜姜決定入住之後，就在這院子的藤椅上坐一會，把路上特別準備的起司和紅酒拿出來給自己打牙祭，預示「一個寵愛自己的旅程」就此開啟。

貓咪是這裡最有人氣的侍者。姜姜把腳和身體一起蜷縮進藤椅中，給貓讓點空間。貓咪大人很開心，一個跳躍，屁股就已經坐在姜姜的腳上，肚子發出咕嚕嚕的聲音。聽說貓咪和小孩最靈，只要他們對一個人沒戒心，就證明這個人身上的能量算是純潔。看起來貓咪大人對這個「位置」很滿意，姜姜默默對自己也多了點信心。

抿了一口杯中的紅酒，香氣四溢讓她更加陶醉在這世外桃源般的閒適中。這種感覺比談戀愛好多了。為什麼自己這麼想不開，總是忍不住談了分，分了又談、談了又分呢？這邱比特的箭上，多數時候黏的不是蜜，而是讓這天下男人女人迷惑自己的蠱！越想飲鴆止渴，越發痴怨難解。「哼哼……」姜姜覺得自己可笑。明明是自己蠢，怎麼把天下的男人女人都扯進來陪葬。「眞是無可救藥啊！」

「Salve！Do you speak Mandarin？」姜姜循著聲音轉頭，男人用一個紳士的微笑表示他無意冒犯。有點微醺的她腦袋很清醒，心裡喃喃自語：「拜託！我不想聊天！」心裡雖然這麼想，姜姜還是禮貌的點頭：「需要幫忙嗎？」

男人問：「我可以坐那邊的椅子嗎？」

姜姜給了一個可以的示意。

「不好意思，我只是想來花園裡坐一坐，看到妳在這邊，覺得很親切，我已經很久沒看到華人了。」男人語帶歉意。

「是嗎？你住這裡喔？」姜姜覺得好奇。

「是啊！一開始來這裡是想要逃離自己原本的生活圈，結果一住下來就被這裡深深吸引，回不去了，哈哈！」男人的笑聲很爽朗，姜姜確實能嗅出一股在地人的悠遊自在感。「喔！我是攝影師，一開始來這裡想拍點不一樣的照片辦展。結果，妳也知道，這種曲高和寡的作品，也不能養自己太久。後來就把荒廢多少年的油畫拾起來，現在靠畫畫創作反而過得比較好。歐洲靠賣藝術創作生活稍微容易一點，這眞的讓我意外。」

姜姜點點頭：「我也覺得。感覺你已經找到自己喜歡的生活方式。不像我，到了這把年紀，還在跟愛情玩遊戲。」

「怎麼，失戀了？」

「哈哈，嗯！很好笑吧？！我也不知道爲什麼。跟我男朋友一開始的時候，我就有種感覺，覺得我們的相遇就是一場遊戲。互相取取暖、消遣消遣寂寞就會結束。不過那時候就算有這種感覺，我也不想管那麼多。覺得不試一試，誰知道會怎樣呢？結果，哈哈，結果就是我感覺自己演了一齣自導自演且自欺欺人的鬧劇。」姜姜以爲自己的這段見光死的戀情，應該會跟著自己老死在墳墓裡，永遠都不會跟別人說。沒想到，這樣無預警輕易說出來，過去所發生的一切突然變得眞實。是啊，就是一段還沒來得及曝光的愛情夭折。那種不想面對的扭曲感，在說出來之後就都不見了。姜姜突然可以灑脫放開了：「不就是戀愛失敗嗎？過去就過去吧！不糾結了。」

「壓在心裡的情緒，說出來舒服一點。」男人確實細膩，一聽就知道癥結點。

「謝謝！」姜姜看著天上的月亮跟這位紳士說，「你是唯一一個聽到我說這段感情的人。說出來讓我感覺這段戀情也沒那麼荒唐。就是從沒人知道開始，到沒人知道結束而已。而且我也不差！」姜姜的眼睛越來越適應月光，花園被月光照的透亮，就好像自己心裡的黑暗角落被照亮一樣。這種透亮不刺眼、不奪目，是一種溫潤的浸透。

姜姜心想，這種亮度剛剛好，我喜歡。

關鍵詞：包容

愛不是計較得來的。
因爲相愛計較、因爲分開計較，
通常都沒有好結果。
如果說愛就是無私奉獻、愛就要恆久忍耐，
那好像是聖人之愛，並不是小情小愛。

誰愛誰多一點，誰愛誰少一點，
這向來不是個選擇題。
遇到了就是遇到了，
只能說，
能包容多一點的，是眞愛。
但，
包容可不是委屈，也不是討好。
包容是相知相惜，是因爲我愛你。

星座與愛情：

天秤座習慣站在神壇上努力維持自己端莊又優雅的形象，因爲他們眞的不是美就是帥。但金星守護、條件得天獨厚的天秤，卻非常渴望愛情。投入愛情是天秤認識自己、認識世界的方式。從一開始的察言觀色，讓大家覺得好相處，到後來一躍成爲深諳人性的社交高手。天秤就是這樣邊愛著邊成長。

因此，一般人跟天秤相處，基本上不會有負擔。在高情商的光環下，天秤也容易被誤會為——在情場上隨心所欲、無所不能、可以玩轉感情的高手。但事實上，正因為天秤本身就有趣好玩、了解人性，反而讓他很難對一個人動情、動心。因為人情世故看得太透徹，天秤的內心更容易產生悲觀、負面的想法。

在天秤心裡的愛情，應該像是蝴蝶遇到春風，一切都要契合的那麼美好。但是，哪那麼容易遇到契合的人？感情中的懷疑、背叛在天秤看來，是再人性不過的常態。所以，除非這個人很特別——想法特別、感覺特別、眞誠的很特別。不然，天秤會維持自己的獨立，絕對不會輕易淪陷。這麼獨立又怕欠人情的天秤，要眞心愛上一個人慢慢變得越來越不容易。除非他有點累了，這時候渴望愛情的他，就很想要找一個可以停靠的港灣。

愛情送分題：天秤平常就會找很多事來玩。他喜歡過節、製造浪漫和驚喜，天秤根本就是戀愛模範生！

給天秤的建議：天眞無邪的隨便相信別人，或者遇到不順心的事情來點情緒化的反應，這些都不是天秤平常的作風。也就是說，天秤平常就會把自己維持在一個進退有據、知性優雅、彬彬有禮的狀態。當然啦，想也知道這樣久了會很累。畢竟不是每時每刻都在做公關。所以天秤也會為自己預留紓壓的時間，特別是既有品味又有放鬆效果的酒，就是很好的紓壓方式。小酌怡情，只要對酒不反感，天秤常常都會想小酌一下放鬆心情。好在天秤喜歡品酒微醺，他喝酒並不是爲了借酒裝瘋。借著微醺的感覺，天秤只想要當一個討人喜歡的小可愛。

不過，天秤一談戀愛，就完全不一樣了。天秤這麼有趣好玩、了解人性，就是因爲他們對自己要求非常高，希望事事可以做到完美。但，只能說，追求完美本身就是有一種理想化。現實中沒有那麼多的完美，只有永遠覺得做得不夠好的自己。天秤就是因爲這樣，總是對自己不滿意。事實上，他的心裡並不像外表看起來的那麼從容優雅。

愛情中的天秤，可能突然會悲觀起來，有時候也會突然就非常的煩躁，也很可能在無預警的狀況下變得冷淡。跟天秤在一起，你隨時都要猜測他最近的工作做得怎麼樣，是工作影響他的心情？還是人際關係影響他的心情？還是他自己的表現影響他的心情呢？這種跟你沒關係，但是你還要猜來猜去，如果太常發生的話，老實說感覺並不是很好。

像故事中的姜姜，她隱晦不言的，除了對方有問題之外，一定也有自己「姑息養奸」的部分。雖然想盡量不讓這段感情給她帶來過深的「刮痕」，最後卻演變成毫無限制的縱容。姜姜也覺得自己實在是包容得太難看——用高情商去包容對方的問題，忽略自己的需求——這樣的包容是建立在壓抑自己的需求之上。最後，用包容來換的愛就會變成傷害。

建議如果想用適度的包容來換取對方的愛，可以同時跟他訴說自己的需求。如果一再的包容，覺得很累，就要向對方聲明自己的底線。最後，不要以爲包容可以解決一切。愛情裡不是只有包容，互相坦誠溝通才是那一把最好的鑰匙。

三個糾結：

(1)如果包容只是片面的，只是單向的，這樣的包容在愛裡面很容易用完。

(2)看起來像是包容，但又想用包容來換得愛，注意，包容並不是交換條件。

(3)當包容看起來像是一切都沒事，好像很甜蜜，其實是在壓抑自己。

三個成長：

(1)如果你的包容是想換取對方的好和愛，你可以試著說說自己的委屈，也表明你討愛的心意。

(2)如果一再的包容，讓你覺得很累，力不從心的時候，你得向對方喊救命啊！

(3)不要以為包容可以解決一切，愛不是只有包容，溝通才是那一把最好的鑰匙。而愛會給你勇氣。

故事的後面：

說到包容，很多人可能會想到那種，「處事不驚、一派輕鬆、很有智慧」的樣子。對，包容確實有一種力量感，四兩撥千斤、愛而不計較。

故事裡，姜姜的包容是很有智慧的。但，在愛情裡，對一個人展現包容是有前提的，他必須是尊重你的，包括理解你包容背後的愛、願意用眞誠以待來回饋你的包容。否則，如果對方自我、自私、不在意你的感受、只在意自己的方便，也就不必包容他的爲所欲爲、傲慢無禮。在愛情裡，智慧運用的廣度，要跟自己的承受力平衡。自己不能承受的，就不要過多展現大度，免得對方得了便宜還賣乖。

當然，包容是一個好的品質。故事裡的姜姜要珍惜自己能夠大度包容別人的品質。不要因爲不好的遭遇而改變美好的自己。生活裡還是有很多人看得懂包容，也願意包容別人。只要耐心等待，姜姜一定會遇到適合她、懂得珍惜她的人。

在愛情裡受的傷，可以在生活裡被療癒。姜姜在義大利遇到的陌生人，和他聊聊天，就得到情緒的抒發和療癒。這是值得欣慰的。

生活裡，包容隨處可見。比如說，微笑。一個人覺得不耐煩，另一個人，笑一笑，事情就輕描淡寫的過去。那個微笑的人，用包容避免了爭執，但當時他的心裡面應該也是五味雜陳的吧。只不過，願意包容的人不計較，是因爲他看得清楚這中間的本質。

在那麼多的感覺裡，面對分歧選擇包容，眞的很了不起！

包容，就是一種愛的語言，在五味雜陳的感受裡，選擇包容，就等於選擇了愛。

Story

08 天蠍座

真實：愛的條件

很多事，等過一段時間後，才能有所體悟。

原本想盡可能遠離負能量，讓生活多點希望。等過了很長一段時間，發生了一些事情之後，才陡然發現，原來自己的沉默不是智慧。這沉默反而像一頭野獸，悄悄站在心口，把「忍耐、逃避、壓抑、痛苦、委屈」全部吞下。生活看似因此變得無害，卻似乎也越來越沉重。

至渝新婚就跟著老公到處出差，這是她覺得最幸福的地方。好在自己當初選了自由翻譯。只要一本筆記型電腦，滿世界跑也能好好工作、開心收錢。結婚後，老公也剛好換了新工作，運氣隨著新婚喜氣變得好起來。沒多久，老公就成了老闆器重的部屬，跟著老闆出差也越來越多。跟著老公滿世界跑、做著喜歡的工作，順便去看世界，還有什麼是可以更幸福的？每每想到這裡，至渝就覺得自己是世界上最幸福的人。

這次他們住的城市是一個剛開始開發的小城區。這裡的建築大多是新蓋好的、路多是新鋪的、樹是新移植的、連居民大多都是爲了要來這個新規劃區工作的年輕人。至渝覺得好巧，這裡就跟她的人生一樣，都是新的。

這種全新開始的感覺很奇妙。做什麼事心裡都帶著一點衝勁，周而復始的生活也變得可以有所期待，那些亂七八糟的瑣事好像也值得多一點感恩，甚至連早上起床時，呼吸的空氣也帶著些許春雨過後清新微甜的味道。至渝覺得自己的決定沒錯。

一開始決定結婚辭職，招來朋友和家人的一陣撻伐。這是至渝早就猜到的。「連日本女生結婚都不辭職了！妳是不是被愛情沖昏頭了！」好閨蜜試圖敲醒她做夢的腦袋。「妳想好了？雖然他現在是妳老公。但畢竟妳是辭掉自己的工作。接零散的翻譯能穩定嗎？萬一未來妳在經濟上不獨立，受了委屈，後悔的可是妳自己！」爸媽也對她的決定充滿不安。不過至渝早就想好了怎麼應對：「那萬一我老公到處出差，有外遇了怎麼辦？」這句話妥妥讓所有擔心她的人閉嘴。沒想到，老公到了新公司，還眞的到處出差。這種工作性質，每次出差都是待三個月到半年不等。不過老實說，至渝才不怕老公出軌。她覺得，只要兩個人可以看到同一片天、同一個世界，保持眼界、視野在同一個水平上，怎麼可能會有外遇這種事？

在這個小城區他們預計會住半年。不過，這次讓至渝沒想到的是：老公在這裡的工作非常得心應手。每天不是加班，就是拜訪客戶、開會做報告。原本計劃好要去鄰近城市旅行的時間全部被工作佔滿。老公沒時間休息，就意味著至渝有太多時間需要獨處。

本來至渝連獨處這部分也是想好的。每週去上瑜珈課兩次、肚皮舞兩次。週二、週三去圖書館繼續她的翻譯，其他時間買菜煮飯、看個電影、去書局逗留，到處逛一逛，這半年就一樣可以很快打發掉。誰知道這個新城區，沒有圖書館、沒有美術館，電影院、公園什麼的都還沒蓋好。連超市都是小型的，就算每個貨架研究一邊，最多一個半小時就沒什麼好逛的了。好在還可以上瑜珈班和肚皮舞課。在那裡至渝認識幾位新朋友。她們幾乎都是陪老公來工作的。她們每天煮飯打掃之後也沒什麼事可以做，練練瑜珈、跳跳肚皮舞算是調劑一下主婦們的生活。

至渝以為老公剛來這裡工作，需要時間熟悉摸索，最多忙個兩個月，總會安頓下來一點，生活也會跟著規律一點。沒想到，從第三個月開始，老公開始頻繁的出國。出差派駐的過程中原來也能再出差啊！至渝算是服了這間公司，用人像是剝皮啃骨頭，一點都不會浪費。那種短途出差都是兩、三天，老公都得跟著老闆，至渝只能留在家。吵了幾次沒用，也只能忍。

去韓國兩天、去日本兩天、去俄羅斯三天、去西班牙三天、去杜拜、去英國、去德國……

至渝一開始還很替老公開心，後來她開始偷偷檢查老公的行李箱，想看看裡面有沒有什麼蛛絲馬跡。行李箱裡倒是什麼都沒翻到，只是看到老公護照上蓋滿各種國家的海關印章，讓她心裡不是滋味。這個月更是誇張，只要老公出差穿的西裝筆挺，尤其是穿上那套婚禮時買的阿瑪尼，至渝的心裡就很不舒服。「穿那麼帥出去幹嘛？招蜂引蝶嗎？」至渝心裡一陣嘀咕，不像剛結婚時候，還幫老公打領帶，希望他帥帥的。

上週老公跟著老闆直接從美國飛英國，她就在電話里忍不住喊：「你最好不要老婆算了！」雖然她從沒設想過，很會獨處的自己會這麼無聊。而且，事後她也覺得自己太不理智。明明知道老公是在工作，正在爲了這個家努力打拼，她怎麼可以這麼情緒化，給老公多餘的壓力呢？

她用力的想了兩天，最後的結論是：她發現自己好像是在嫉妒。嫉妒老公有自己的舞台、努力就能看到成長和回報。而自己呢？除了用翻譯賺點外快，也慢慢成爲社會邊緣人。在不熟悉的城市，沒有家人、沒有眞正了解自己的朋友、沒有發揮能力的舞台，更沒有及時的認可。至渝覺得沮喪。一開始的那種篤定全沒了。

該回去工作嗎？可是這樣會長期跟老公兩地生活。還是像現在一樣跟著老公到處跑？那自己的人生又該如何規劃呢？至渝本想跟老公好好討論，老公想也沒想，就說：「傻瓜！妳當然是跟著我啊！我們分隔兩地，還叫什麼夫妻呢？不然生個孩子吧！這樣妳就不會無聊。」至渝聽了老公的話，心裡五味雜陳，一點都輕鬆不起來。

原來，她一開始的決定，就已經把這個選擇題丟給自己了……

關鍵詞：真實

眞實若能不醜惡，就可以解決大多數難題。

但多數時候，

眞實，是我們最不想面對的。

眞實裡，

可能有難堪、有怯懦，還可能有邪惡。

眞實雖然不是假的，但是赤裸的。

我們有時候，寧願看虛假的一面，也不願意面對眞實。

尤其，

如果眞實和利益有關、和得到或放棄有關，

要面對還需要很大的勇氣。

在愛裡，

如果眞實就是直接丟出難題，不想扛責任，
這種眞實眞的很粗魯醜陋。
如果眞實是打開心坦誠相待，
多加一分謙虛、還有共同面對的決心，
這樣的眞實就是尊重和愛。

星座與愛情：

天蠍把周圍的人分爲兩種：一種是自己相信的人，另一種是自己不相信的人。跟相信的人在一起，天蠍是一個活潑略帶一點幼稚的小蠍蠍，什麼事情都在意的多一點、沉不住氣也多一點。他隨時都有各種想要抒發的小情緒。比如他會抱怨：「最近爲什麼蚊子容易咬他，好討厭喔——」天蠍跟熟人在一起，就是各種委屈和抱怨。原因很簡單，他就是要跟你取暖。

但是，如果今天天蠍不講話、不取暖、不抱怨，證明他對感情有了疑問。故事裡的至渝就是這樣。一開始想要跟老公抱怨，希望他可以多陪陪自己。抱怨到後來得不到回應，就開始思考，整件事到底爲什麼進展到這種地步。當然，這時候至渝還沒有到懷疑老公自私自利不管她。這時候，她還會想辦法旁敲側擊，或者直接對峙。天蠍座的至渝知道自己有疑心病。所以，她會趕快創造一個時機，把她懷疑的事情問清楚。但是，在她詢問後確認，她老公把她的人生規劃當兒戲看待，她的感覺就不對了。天蠍有非常敏感的神經，而且直覺也非常準。

表面說相愛，事實上私下自己盤算利益得失，不好意思，天蠍一發現就會正式啟動「不信任機制」，開始對言行有所懷疑。這時候的天蠍就會從衝動、幼稚，變得冷靜起來。尤其是感情關係，他會把關係回歸到基本的實質層面來思考：爲什麼會發生這件事？對對方有什麼好處？對自己有什麼好處？然後他會開啟靜音功能。因爲他們認爲，讓別人知道的越多，他的勝算就越小。只要保持神祕，就有勝算的空間。

天蠍認爲：感情就是互相探底來決勝負的。相信就繼續下去，不信任就各自高飛。

愛情送分題：天蠍愛一個人的時候魅力爆棚：甜言蜜語、美食攻略、解救難題、危機處理，天蠍樣樣用的得心應手，被天蠍愛上絕對被寵上天！

給天蠍的建議：天蠍很渴望成功，希望自己有所成就。平常他們都在汲汲營營忙著重要的事。工作、愛情、家庭、娛樂，一個都不能少。天蠍就是這麼貪心。要，就要做到底！對於愛情和家庭，天蠍更是這樣。

而且天蠍也很需要自己的舞台，做自己的事、達成自己的成就、爲自己增加信心，這是他一定要追求的。喜歡思考、喜歡爲未來鋪路，想爲自己的人生負責，想要過高品質的生活，這都是他想要的。

故事裡的至渝就是懂得這些道理，知道一個人想要功成名就是多麼辛苦。所以她開始是一心一意想要支持老公的工作，不顧家人朋友的反對，願意辭職，用行動來表達她對老公的愛和支持。天蠍不會有委屈就念，有怨念就說。至渝跟著老公到不熟悉的地方、容忍老公長期頻繁出差，而她自己也在努力適應到處搬家，去適應不同的環境，把吃苦當吃補，以苦爲樂，目的就是，希望她和老公之間爲了家庭未來目標而共同努力。以老公的職業規劃爲優先、以家庭的未來發展爲優先，她這麼做也是因爲相信老公懂得自己的讓步和付出。到最後，當至渝發現，老公把自己的付出當作一個輕率的決定，她馬上就清醒了。

天蠍就是這樣，自己的犧牲與付出如果不被尊重，那就是「道不同不相爲謀」——你怎麼想，我無所謂，我可以不要你給我的一切，但同時，你也會失去一個眞正能幫你居安思危、未雨綢繆、全力支持你的好夥伴。這就是天蠍的心聲。

天蠍清晰的思維實在令人佩服。不過，這裡可以建議天蠍的是，與其防堵危機，不如一開始面對選擇的時候，就把事情思考的全面一點。在最開始，不要爲了急著得到對方的認可，而刻意去逃避自己不想面對也不願意接受的事實。

三個糾結：

(1)如果關係裡自己期望想要的一面叫愛情，那不願意接受的那一面就叫做真實，真實遲早會暴露我們想逃避面對的地方。

(2)在愛情裡，真實，是一種互動的狀態。一個人想要的生活，兩個人的時候不一定適合。

(3)當真實的狀況暴露出太多讓人難以接受的地方，就開始讓人想逃避這段關係。

三個成長：

(1)面對真實面，是花時間最久的。先有了面對的決心，才有機會接受愛。

(2)當我們想逃避真實面，那個想要的背後，一定有一個代價，這個代價就是最真實的生活。

(3)感情要能經營得輕鬆和長久。在愛情裡面就要保持真實的狀態，做回自己，不能單方面活在自己期待的關係中。

故事的後面：

在愛情裡面，眞實，是一種互動的狀態。一個人想要的生活，兩個人的時候不一定能實現。像故事裡，當至渝發現，自己辭職跟隨，這種對老公的付出和支持，被輕率地看成是理所當然，而且對至渝的擔憂和感受也用一種輕蔑傲嬌的態度回應，至渝就會感到失望和痛苦。後來她決定回到自己的城市，重新開始工作。雖然當時她老公不同意她的決定，但無論如何也挽回不了至渝的決心。後來他們決定分居。至渝也正在評估，如果她的老公始終覺得她不需要人生規劃，放棄工作無條件支持他是應該的，她會考慮離婚。

感情要能經營得輕鬆和長久，就要保持眞實的狀態，做回自己很重要！

這裡我想要補充，有時候面對眞實確實是很痛。眞實的狀況暴露太多讓人難以接受的地方，我們就想要逃避。但生活中就是會有很多關卡，面對兩個人利益、立場的分歧時，如果一開始就能面對眞實狀況，至少能及早了解分歧，也是好的。

在感情裡，很多眞實的狀況其實很慘烈。比如說，伴侶劈腿外遇，被另一半騙很多錢，不告而別的情人……面對這些慘烈的眞實，那種難受一時間是無法自我安慰的。而且，恐怕這些眞實會讓人消沉。通常這時候，身邊的人，就不知道該說什麼，做什麼，才能安慰到那個正在痛的人。

依照我的經驗，「單純的陪伴他們」比「給他們的安慰」來的更有效。等他們稍微平靜下來，可以分享故事給他們聽。告訴他們：「曾經有人有過類似的境遇，不過他們走過來了，你現在的狀況也會過去的！」

這時候能給的就是陪伴，實踐也證明，故事是有力量的！

故事是人與人之間在情感面最眞誠的連結，講故事就是力量的傳遞。在對方需要的時候，用故事給出的陪伴和力量很珍貴，也很有用。

每一個我們，一路走來，都辛苦了！値得慶幸的是，當我們看看昨天，再看看今天，我們確實變得越來越自信，越來越堅強。這樣也就夠了！。

Story 09 射手座

契合：那些愛著的自卑和傷害

你有沒有過這樣的感覺：在某個環境裡，不知道爲什麼，待在那裡就是感覺不自在。那裡的人讓你感覺格格不入、那裡發生的事讓你感覺不舒服、那裡的整個環境讓你覺得很難受。你不清楚這股難受的感覺來自什麼原因，你只知道，這種感覺一直沒來由牽著你的鼻子走。你還在想，是不是自己太矯情？

小默來到這個陌生城市的第二天剛好就是她的生日。幾個同事湊在一起打算爲她慶生。同事們也是昨天一起吃晚餐的時候才知道。大家聽到小默要過二十四歲生日，就一致決定第二天要帶她大肆慶祝，說「青春絕不能被公司浪費」。小默受寵若驚，她本想要週末整理一下行李，順便好好補眠一番。但看著這群寂寞極了的哥哥姊姊們，也只好順從。

這座城市實在是詭異。小默從一下飛機，就被這座城市的「滿」洗禮。機場裡是滿滿的重建工程，一出機場身邊就擠滿小乞丐乞討，司機一路緩緩驅車艱難穿梭在各種交通工具間，而路邊到處都是工地工人的坐臥之處。到公司報到後，同事們也滿滿地擠過來對她問東問西……

本來想，陌生的城市、陌生的同事、不同的文化，自己應該需要好一陣子才能適應。看樣子是沒時間適應，遇到什麼算什麼吧！小默的腦袋一路被這滿滿當當的訊息量塞爆，就像鍋裡的湯隨時會溢出來一樣小心翼翼拿捏著自己應對的火候。還好就算是剛進公司兩年的新人，公司還是特別把飯店安排得很舒服。因爲調派到這個城市的人需要做好吃苦的準備。

第二天就是週末，同事們很早就帶著生日蛋糕來飯店找小默。「這裡眞的很無聊，如果不是妳過生日，我們也會安排其他的節目。我們這幾個人，是這裡唯一的華人群。大家都互相照顧，像家人一樣。我們都會照顧妳，別擔心。」年齡最大的女同事確實像大姊姊一樣的在照顧她。讓小默覺得自在很多。

趁著生日，大家喝了不少紅酒，都有點微醺。小默的飯店就在隔壁棟，蠻近的。不過聽同事們說，晚上女生還是不要隨便出門比較好。「我送妳回飯店吧。」同事帆偉看著膚色已經像水煮蝦的小默說。

路上小默覺得有點尷尬，想聊聊天緩解一下氛圍：「你來分公司多久了？」

「兩年。」

「哇！你太厲害了！可以在這裡待這麼久！」

「還好、還好，習慣了。妳哪個學校畢業的？」

「東大。」

「妳怎麼年輕就願意派駐到這麼偏僻的分公司？家人、男朋友都願意喔？」

「喔！我就是分手後想重新開始才來的，我爸媽也支持。」

「明早我們一起去吃麥當勞的早餐怎麼樣？」

「喔，好啊！」

就這樣，早上和帆偉吃早餐，成了小默每天最大的動力。帆偉知道很多，還寫著一手好字。每次從他那邊借書來看，小默都會先翻開第一頁，看看帆偉用毛筆在首頁的題字。那筆法剛勁有力又極具平衡感，很是讓她著迷。有兩本還寫著這本書購買的地點，小默總是不自覺猜想著，那時的他在書店翻書的身影。

這幾個週末，帆偉帶著小默去了這座城市幾個有名的景點。小默覺得有點不好意思。如果說吃早餐、借書算是順便，那把人家當免費的司機和導遊那就實在是說不過去。今天天氣出奇的熱，熱到在外面走路需要穿外套，才不會覺得自己要被烤熟。「去吃個午餐避暑一下也好。」她提議這次午餐自己來請。帆偉收起笑容，眼睛直勾勾盯著小默：「不知道爲什麼，只要看到妳開心，我就心滿意足了。第一次看到妳，我就這麼覺得。」小默感覺自己的手被牽起來。他的手大大的，不知道是緊張、還是怕太用力握痛了她，他只是用指尖輕輕托著她的手。

小默心裡開始有點亂。當下心裡閃過前男友的身影、閃過自己一個人哭的夜晚、閃過想要離開傷心地的決心……這一切好像是上輩子的事。說實話，小默也不知道該怎麼回應。就像那個傷心地。兩年來，原本以爲是讓幸福開始的地方，現在變成需要逃開的城市。相愛的男友變成不想再見的前任，喜歡的城市變成空虛冷漠的感覺，因爲不想讓同事知道自己分手也因此跟同事距離越來越遠。看似只是一段戀情結束，讓小默始料未及的是，她的整個世界全部崩塌。

想到這裡，小默移開自己的手，不敢看回帆偉的眼睛。她的眼淚不自禁一顆一顆滴在有千年歷史的石板地板上。眼淚浸入石板然後又迅速被太陽晒乾，好像什麼都沒發生過。就像她的前任、那座城市、那兩年，就這樣被偷走了，一點痕跡都沒留下。她低著頭，看著帆偉往她這裡再靠近一點。她感覺自己的頭被輕輕撫摸著，眼前頭髮也被溫柔勾到耳朵後面。

「沒事了，都過去了，沒事了……」他什麼都沒問，就好像什麼都知道一樣。這讓小默心裡感覺暖暖的，就好像冰冷黑暗的熔岩洞被點亮。

原來！某個環境不自在，是因爲不清楚自己到底適合什麼環境。某些人感覺格格不入，是因爲想不清楚自己想成爲什麼樣的人。某些事不舒服，是因爲不清楚自己想要什麼。原來！喜歡某個環境、某些人、某些事，想要接近，不是因爲有多好，而是因爲這樣的自己一點都不刻意，很自在。

小默抬頭看看眼前的帆偉，太陽很大，他看起來跟這裡一樣，充滿陽光。

關鍵詞：契合

在愛情裡，
我們習慣用自己的角度去評價關係。
契合，
兩個人容易理解彼此的心情，知道該怎麼配合。
這跟默契相關，
考驗兩個人看同一事件的角度。
如果想要的不一樣，
還夾雜了不同程度的創傷，

兩個人要契合起來就很難。
在理想的愛情裡，契合似乎是必備前提。
而在生活中，磨合才是每一天在發生的。
從磨合到契合，
做到了就能品嚐幸福的滋味。

星座與愛情：

一向給人浪子印象的射手座也有多愁善感的時候。他知道，如果自己不趕快長大，是不能被這個世界接受的。射手平常從不循規蹈矩，哪裡好玩往哪裡去，但也非常強調人生的意義。

戀愛的時候。射手座會變成小孩子：什麼事情都想要讓對方第一時間知道；說話沒頭沒腦，爲的只是跟喜歡的人膩在一起；直來直往不會有絲毫的隱藏。

而且射手也很會照顧人喔！他善於觀察，知道對方喜歡什麼、不喜歡什麼。只要一個眼神，或者不經意提起，他就會心領神會。

投入一份感情，有的人不知道自己喜歡什麼樣的人；有的人還不想定下來；有的人思考非常理性，談戀愛也要談條件；有的人聚散離合進行非常快。但，射手對於感情，沒想那麼多。他只知道他需要有感覺。這種感覺要可以激發他的熱情，他才會想要。必須說，「有感覺」、「激發熱情」，這些條件很抽象，難怪射手常被認爲花心。

難道射手眞的就是花心嗎？不見得喔！射手的熱情，通常都用在有趣、好玩、古靈精怪的朋友身上。他知道自己不到心甘情願是不會定下來的。所以，多交朋友，是他平衡自己個性的方法。射手看似熱情，並非熱情。他熱情是想要把關係相處好，希望大家有個愉快的互動。關係好，工作就好推行，生活也變得有趣，順便爲自己打造輕鬆自在的生活。所以，如果遇到熱情的射手，不要到想太多。

但如果是情侶間的熱情，射手會很不一樣，他會變得細膩又小心。他會想要了解：你喜歡什麼？怎麼做會讓你開心？射手是火象星座，自己喜歡的人，要自己追才有成就感。

愛情送分題：射手座有才華、顏值高、精力旺盛、充滿好奇心。射手容易讓周圍的人變得開心，有他在，生活變得有趣多了！

給射手的建議：射手座表面上是愛自由、喜歡無拘無束，但他很想知道自己應該情歸何處，茫茫人海，哪裡才是他的港灣。所以，射手浪跡天涯，是爲了回家；喜歡無拘無束，是爲了找到歸屬。

射手對於感情，懷著期待，懷著敬畏，更有遇到就想相處一下的豪放。雖然不知道激情之後，能不能長出盼望已久的那份歸屬感，但他認爲如果不去嘗試，就可能永遠找不到。尤其是射手年輕的時候，他有著深深的寂寞和渴望，急於找到歸屬感又很怕失去自己。所以射手需要很多空間去消化這種矛盾心理帶來的內耗。內心漂泊的射手就像流浪的小動物，如果沒有準備好，絕對不會輕易相信別人。

故事裡的小默和前任在一起的時間太快，交往的過程中還來不及互相了解，就已經被磨合期的各種狀況壓的喘不過氣來。因爲各執己見又不願意了解對方的心情，再加上短暫的戀情也還沒有累積出深厚的信任，情緒之下，小默和前任就草草分手。也剛好遇到外派的機會，小默決定去新的環境轉換心情。這對她來說，是好事，也不是好事。好的部分小默很幸運，她可以迅速跟前任斬斷情緣，到新的環境重新開始。不好的部分，如果小默沒有意識到自己對感情的看法是草率的，她後面也會用一樣的心態去選擇和經營感情，可想而知，她很有可能再次受傷。

只有經歷長長短短的幾次戀情後，射手才會認眞去看待一份關係。但在此之前，他會把對感情的渴望、內心想要的依靠，轉移到事業上去。射手對工作算是夠執著。但工作的意義對射手來說，多少是爲了讓自己多點成就感，避免把所有心思都放在感情上。

所以，這裡要注意的是，認眞工作是爲了逃避情傷，這會使射手更不知道該如何去愛一個人。雖然射手精力好、情商高，但總幻想著別人給自己溫暖和付出、別人給自己空間和自由，如果自己不願意投入的話，關係還是會走到盡頭。畢竟，自己想要開心，也要讓對方心裡舒服。只有兩個人互相喜歡又互相尊重，一份關係才會有好的發展。

三個糾結：

(1)愛情裡，如果把完美的契合當成唯一目標，一直在評估契合度，那也很難走下去吧！

(2)從磨合到契合，有一段距離，如果這當中沒有彈性，也很難走下去吧！

(3)要求完美契合的愛情，本身就是一個妄想。何況是一個住在金星的女人，一個住在火星的的男人。不溝通，是經營感情的大忌。

三個成長：

(1)愛情有個部分是互相配合的結果，互相調整是一定要的。

(2)在愛情裡，想要完全契合很難，除了互相調整，多半還是要些衝動與直覺吧！

(3)真正的契合，有時跟生活中的一些小事情有關，默契就是這樣開創和培養出來的。

故事的後面：

很幸運，故事裡的小默在新的環境，遇到了細膩又主動的男生。想要找到跟自己契合的人，我們自己首先就要學著互相配合、互相調整。但，要知道，在愛情裡，沒有完全的契合。感情中多數人，是靠著衝動和直覺來互動的。契合有時候跟生活中的小事情有關，契合是透過一點一滴的互動培養出來的。

小默和前任在一起很快、分的也很快。情傷之後又快速決定外派，到新的地方很快又遇到新的男生。整個過程中，小默看起來知道自己要什麼，所有的決定都很果斷。但事實上，就是因爲她不能面對內心的渴望和孤獨，她也不相信自己可以滿足自己的渴望，爲自己帶來充實的生活。這種隱形在心底的自卑，造成她想要快速投入感情和工作，從中尋覓安心的感覺。一味向外追，拒絕面對自己的內心，結果，在各種倉促的變動中，小默造成自己內心更多的壓力和傷害。這恐怕是她沒有想到的。

想對自己好，更要與自己的內心連接。內心長什麼樣，感情世界就長什麼樣。愛是脆弱的。可以一起成長的關係比較容易產生默契，磨合出契合的感情。自我的愛必定回歸自我，關係不會穩定。一起成長的愛可以包容對方，是充實的。

當小默了解到自卑心理就是對自己不信任，而這種心態會導致各種不穩定的行為，會對自己造成的傷害，她現在就會有意識地讓自己慢下來。每次跟帆偉約會，她會認真的去感受他，感受他們之間的互動，慢慢相處。信任自己，心就會穩定下來，她開始喜歡這種踏實的節奏。

Story 10 摩羯座

主動：新鮮感和責任

一個剛剛好的氛圍，足以連結起兩個不同的生命。這種連結感讓人完全忘了彼此之間原有的陌生——那些來不及參與的過去不重要，那些未曾想過的未來也不重要。最重要的，就是每一個現在。因爲你的出現，我的世界只剩下和你一起的每個現在。

晶晶踩著三寸高跟鞋輕快地往前鑽，週末的火車站正在上演人潮大遷徙。因爲不想浪費時間回家，今天一早晶晶就帶著行李箱上班。本來同事們相約週末去湖邊公園聚餐，她謊稱自己要到外地和大學同學聚會，早早就婉拒。有一個多月沒有看到男朋友了！男朋友這個詞，對晶晶來說還有點新鮮。自從那次會議之後，晶晶和他就一直保持著聯絡。一開始是因爲工作，需要很多的溝通。慢慢她發現，他會關心自己有沒有按時吃飯、有沒有多喝水、工作時間不要忘記去洗手

間、有沒有早點睡覺。「說不定就只是因爲他爲人比較細心體貼，這些也不代表什麼意思」，晶晶怕自己想太多。

上個月晶晶因爲來月事太痛了，請假在家休息，他很急打電話來，晶晶才確認，他是眞的對她有同事以外的關心。那天晚上，他傳訊息說：「妳想看看我女朋友的照片嗎？」晶晶看了訊息，心頓時掉到洞裏。果然，人家這麼優秀，怎麼可能沒有女朋友！怕他看出自己的心思，晶晶故作鎭定回他：「好啊！」

隨著手機在手中震動，晶晶的心也跟著抖了一下。手機頁面上提示，有一條照片的未讀訊息。打開這個訊息，就意味著自己的幻想正式破滅。晶晶覺得有點尷尬，和他什麼都沒發生，可是自己卻已經在傷心。這獨角戲還眞不好唱。晶晶還是點開那封有照片的訊息。她想，總是要面對，這種關係嘎然而止到此也好，這樣不至於太丟臉。

照片從手機中間劃開，就像劃開她的心一樣。晶晶背脊的汗毛開始豎起，手心滲出腎上腺素催出來的汗。她等著好奇心被滿足，眼睛被「刺傷」……

嗯？是不是發錯了，這不是我嗎？開會那天人事部幫她抓拍到一張很棒的照片。照片中的她站在同事中間，開心的跟同事說這話。手上正拿著一份資料要遞給另一位同事，由於要跨過會議桌，她極力把手臂伸長，這個動作把晶晶的手臂和脖子拉出優雅的弧度，腰部曲線也一覽無遺。

再搭配她高翹的鼻子，微笑的的眼睛……這張照片把晶晶靈動又優雅的一面都展現出來了。晶晶對這張照片很滿意，不過他傳這張照片幹嘛？

「照片傳錯了吧？這張是我——」什麼嘛，害自己白白緊張一番。晶晶邊傳訊息，邊喘了大大的一口氣。

「沒傳錯啊。我女朋友漂亮吧！」他的訊息馬上跟著跳出來。

晶晶腦袋轟一下就炸開來了，臉漲得通紅通紅。好在不是當著他的面，不然眞是糗大了！一邊還在懷疑自己看錯訊息，一遍一遍逐字逐句讀他的訊息，一邊感受著自己的臉紅心跳。這時候，晶晶的世界開始放煙花！這也太開心了吧！就這樣被告白了！

「耶——」晶晶從床上跳起來，什麼疼痛都沒了，全身輕飄飄的，嘴巴笑不攏嘴，全身的關節都想跳舞，從心裡到身體通體舒暢，而且就是想大叫，就是想見他。是啊！這就是戀愛的感覺！

手機響了。晶晶趕快鎮定一下情緒，接電話。

「喂！怎麼不回我訊息？」他的聲音小心翼翼。

「呃，沒有啊，我正在打字啊！」

「覺得勉強嗎？不想做我女朋友嗎？」

「沒，沒有啊！」晶晶趕快接話，「就是正在打字要回你嘛！」

「所以妳答應嘍！妳願意做我女朋友，是不是？！」他聽起來很激動。

「嗯！」晶晶害羞了，不知道說什麼，她怕他覺得自己答應的很輕率。

從那天開始，晶晶一整天除了在工作，都在跟他訊息和講電話。他們都很有默契沒有用視訊。畢竟還是要見一面，才能最後確定電話中的約定。

等了一個半月，終於可以空出時間和他約見面。他在公司總部，總部所在的城市離晶晶所在的分公司的城市搭高鐵都要三個小時。爲了對這個交往的決定有一個公正的思考空間，晶晶提議找另外一個城市見面。最後決定要見面的城市，就在他們兩個城市的中間。對誰都公平。

晶晶在火車站輕快地走著，她感覺自己跟這些人處在平行空間。在她的眼裡，這個火車站是空的，只要用眼睛掃描一下，就能輕鬆看到他的方向。

站在火車站的出口，一個穿著咖啡色風衣的年輕男人站在那裡。風輕輕的吹撫著他的衣角和髮梢，上午的陽光灑在他俊朗帶點稜角的臉上。他看到晶晶的那一刻，眼睛笑得用力。他趕快迎上來，此時他們近的能感覺到彼此的呼吸。

晶晶看著眼前這個男人，心裡開了花。她知道，就是他了！

關鍵詞：主動

主動，可以是愛的表現。
當我們被一個人吸引，
就會不自覺的想要主動去做點什麼，進而形成兩個人從心理到現實的連接。
不是所有的主動，在愛裡面都是好的。
在愛情裡，一開始的主動，是請求對方看到自己。
再之後的主動，就可能是不一樣的用意了：
例如主動的想要讓對方看到自己的好，
主動的想發掘兩個人很像的一面。
主動可以讓兩個原本陌生的心相連，
不過這些主動如果帶有明顯的目的性，也可以模糊愛的本質。
愛，
除了主動一點，也要爲對方多想一點，
主動表現自己心意的同時，最好也要能讓對方感覺到自在。

摩羯看起來胸有成竹、心情平和。嗯，如果你眼中的摩羯是這個樣子，那麼恭喜你，你成功的看到他的保護色。

摩羯眞實的樣子是，他對自己沒有什麼信心。不是因爲他們什麼能力都沒有。相反，摩羯本身是能力、耐力、潛力都很厲害的星座。他對自己沒信心的關鍵原因是因爲，他比較沒有耐心。這裡値得注意的是，有耐力的人，不一定有耐心喔！耐力是抗挫折能力比較強。這抗挫折力很強的背後，有耐心，也內含偏執、固執的個性。摩羯顯然就是偏執、固執星座的代表，雖然他容易因爲耐力很強而獲得成功，但他眞的是沒有什麼耐心。如果沒有在確定的時間達到他預期中的樣子，那麼摩羯很容易覺得自己能力不夠、什麼都做不好、對自己的信心會降到臨界點以下。但這一面只有他一個人知道。他沒有想要把這些內心的起伏不定扒開給人看。

尤其，當摩羯的感情受到挫折，覺得你沒有把他放心上，就算你是他最親密的人，他也會把自己的心裡話默默放在心裡面，用「爲你打分數」來代替大吵大鬧。他覺得，既然你不貼心，就是覺得他不重要，也就不必多說。

故事裡的晶晶就是容易對自己不滿意的摩羯。隨時都會覺得：可能是因爲自己不夠好，所以才會這樣吧！當男生開玩笑說請她看女朋友的照片，她馬上認爲是自己不夠好，被淘汰出局了。摩羯希望自己是完美的，但也心知肚明自己離完美還很遠。這種心態導致她談戀愛的時候心裡總是心急如焚、七上八下，很怕自己失勢，被對方拋棄。不過，晶晶絕對不會把自己的糗樣給男生看，習慣鴨子划水，上面裝鎮定，下面急不成形。只能說，摩羯談起戀愛，也是把自己弄得蠻辛苦的。

愛情送分題：摩羯個性踏實、思維理性、重承諾。摩羯就是行走的許願池、現實中的阿拉丁神燈，對責任任勞任怨絕不推託。是值得信賴的伴侶。

給摩羯的建議：人生不可以有危險，這就是魔羯畢生的心願。也就是說，魔羯座是有十足的掌控慾望，在所有星座裡面他是最沒有彈性、最想要一手掌握乾坤的星座。內心這麼有張力的摩羯座，平常就活得比別人累，所以眞的需要動腦的時候，他們反而沒什麼心機。簡單來說，摩羯不喜歡老謀深算，他比較喜歡憑實力說話。

不過在感情裡，魔羯座就是該想的時候不動腦，不該亂想的時候總是在胡思亂想。所以，小劇場這麼多的摩羯，他會忍不住設下心防，戒心重、不輕易透露心聲就是他覺得安全的選擇。就算是他喜歡的人，他都不能百分之百的放心。摩羯其實也不想得這麼重的疑心病，但是要說服他，需要長時期的表現，否則，不要對他說：「相信我。」當然，小心謹愼的摩羯也就比較容易緊張。這種沒來由的緊張，源自於他覺得人生根本沒有「幸運」這件事，人生必須努力，多勞多得。個性這麼剛烈，當然，讓他全然把自己交給愛情就很難。

故事裡的晶晶，一方面期待自己可以掌握新的戀情，私下動作頻頻，潛意識希望自己和同事有感情上的發展。而表面上，她表現的泰然自若，一副該是什麼就是什麼的樣子，裝的寵辱不驚，一派自然。這就是摩羯很經典的特質。摩羯是陰性屬性，個性就比較低調，也被動一點。他也是開創星座，認爲要達到目的，自己必須主動，不能坐以待斃、錯失良機。但摩羯還是土象星座，這就意味著，想好的就一定要拿到手。動，但不能讓別人看出來，別人也不能阻止和干擾他。這局一定要布好，目的一定要達到，人也是要定了。摩羯眞的是厲害！

想的周全不代表夠幸運，晶晶最後成功交往是幸運的。但交往後，兩個人的關係才正要開始。在生活裡，如果感情壓抑的太深，該鼓勵讚賞對方部分如果都放在心裡，對方不夠完美的部分又不小心常拿出來說嘴，這樣下去，可能不利於兩個人關係的發展。這是摩羯必須要注意的部分。對自己嚴格沒問題，不要把這個習慣也帶到關係中去要求對方，這會讓關係變得緊張。幽默是化解緊張的好方法，摩羯可以拿來參考。

三個糾結：

(1)兩個人很像，不代表A就是B肚子裡的蛔蟲，一廂情願以為對方都懂得自己的心思，但對方根本沒猜到。

(2)一開始的兩個人都很主動，當兩個人熟了，忙了，就不主動了，感情就會生疏。

(3)愛情裡，不能忘記表現自己的美好。但我們也可能會有恐懼、不自信、力不從心、負面的時候，如果這時候沒能敞開自己，兩個人的心也會越來越遠。

三個成長：

(1)在愛情裡，當兩個人的生活圈離得很遠的時候，主動去做點什麼，甚至只是一個主動的詢問，都是一種讓愛情可以緊密連結的方法。

(2)主動，是在乎，是關心，更是探索未知。千萬不要只用自己的想法去想對方。通常對方比你想的要有包容力，主動去了解自己的疑惑，就能排除猜疑。

(3)有強大的吸引力，只是愛情的開始。只有主動去接近對方真實的生活，接近對方的內心，才是經營愛情的長久之計。

故事的後面：

在愛情裡，尤其是遠距戀愛，主動去做點什麼，甚至只是一個主動的詢問，都是維持愛情熱度的方法。主動，是在乎，是關心，更是期待。遠距的時候，千萬不要用自己的想法去想對方。主動提出疑慮，就能有機會避免猜疑和誤會。

故事裡的晶晶最終和心儀的男生在一起。不過有強大的吸引力，只是愛情的開始。只有主動去接近對方眞實的生活，接近對方的內心，才是經營愛情的長久之計。互相了解之後，才能有信任、有愛。我們每一個人都想要過得好，過得更好。既然想，就要把主動權抓在自己手裡。不要害怕去表達想法，更不要害怕去爭取愛情。主動去爲自己營造好的關係，這是一種積極的心態。過於矜持和被動，很有可能錯過美好的關係。

晶晶作爲女生，願意主動去和自己心儀的對象聯絡，也願意選一個大家都方便的地點和心儀的對象見面。這種主動就爲她創造新的戀情。這種不過分躁進的主動是値得效仿的。如果你感覺到空虛、覺得不滿足、執著於完美，恭喜你！有一股力量正在推動你。像晶晶一樣，爲自己主動做點什麼吧！只要設定好基本的界線，主動爲自己追求幸福，是一件好事。

後來晶晶和男生交往兩年半之後結婚了。替她開心。

Story 11 水瓶座

思念：情與愛

以經驗來看，出路不一定是直的，繞著走或許可以更快到達目的地。這個邏輯沒問題。有問題的是，如果有這種想法的人，把「耍廢」當成「繞路」，並以此當藉口來逃避現實，營造自己並沒有在偷懶的假象，那就糟糕了。因爲繞著繞著，會變成被別人牽著走的寵物喔！

「我覺得我很賤！你走吧！」蕭菲的聲音低沉，她現在冷靜的連自己都覺得有點可怕。果然自己是匪類，人性本惡，我還能期待什麼！想到這裡，她翻起眼皮，淡淡的看了他一眼，心裡一陣噁心。

雖說這完全稱得上是個局，但蕭菲不想面對。自己挖坑，帶個人跟自己一起跳。在這種時候喊痛，就太虛僞了！她很清楚，自己不喜歡他。當時沒有一個肩膀是靠得住的，所以她需要他，至少他是個可以取暖的陪伴。先這樣吧！人不爲己，天誅地滅！那次，她就是這麼強行的說服自己，留下了他。

說起來，他是自己知根知底的青梅竹馬，從小一起長大，兩個人太熟悉不過。雖然他有時候太沒有主見、太聽家人的話，讓她覺得他還沒有眞正長大。但至少，對自己，他沒有什麼難以入目的花花腸子。單純只是個長不大的直男。

和他耗了兩年，終於到了要面對的時候。他說家人安排他去家族在國外的公司工作，從小職員開始。蕭菲覺得這樣也好，自己不用當壞人。畢業即分手，順應現實，沒什麼不好。「都好啊！你很幸運！剛好電視台找我當夜間新聞主播。」說完，她看他沒什麼反應，表面上，她表現的平和，但終於能分手，讓這幾年形如槁木的她開心了好幾天。

別人看她談著光鮮亮麗的戀愛，這中間也有人擠破頭想要代替她的位子。和他認識這麼多年，選擇交往之後，她更認清了一點：跟誰談戀愛都一樣，沒有絕對的好和不好，所有的得到都需要付出與之對等的代價。

不過，蕭菲也清楚，就算這樣，自己也是幸運的。至少，她很清楚自己要什麼。爸爸對自己的生活照顧的太少，但爲了她上學也花了不少錢。青梅竹馬雖然沒什麼個人魅力，但爲了討好她也是花了不少心思。

她眞心認爲，這個世界所謂的「公平」就是——一個人的幸運可能是依附在另一個人的不幸之上。她知道自己要什麼之前，也準備好了付出相應的代價。她不喜歡因爲自己想要什麼，而成爲別人的負擔，即便是自己的家人。所以，該要的要，該讓的讓，該給的要給。這是她的原則——無論做什麼樣的選擇，思想始終要獨立且清醒。

播報新聞的時段被安排在凌晨，身體確實有點累，但蕭菲的心裡是踏實的。恢復單身後，嘴上說喜歡自己的人，沒一個能跟著她的作息跑的。他們那些天花亂墜的話，配上他們自以爲是的舉動，眞是滑稽。蕭菲像看馬戲團一樣的看著這些人在身邊來來去去。

倒是她的這位已經成爲前任的青梅竹馬放不下執念，每天問要不要等她下班，接她回家。不得不承認，習慣他的存在，好像他做什麼都是理所當然的。從小跟他同班一直到高中，這個人在蕭菲的心裡，更像是自己的弟弟。

蕭菲是爸爸帶大的，爸媽在她幼稚園的時候就離婚。國中開始，她發現跳舞可以讓自己忘記所有煩惱。但是一個人去學跳舞好無聊，蕭菲開始慫恿他跟自己一起去。從那時開始，她發現什麼，就慫恿他一起，他也樂意跟著一起湊熱鬧。上大學之後，蕭菲雖然和他不在同一個學校，但做什麼事，總習慣找他一起。大二暑假，她又想慫恿他一起去美國當背包客，意料之中，他跟著說走就走。就是那次美國行，蕭菲發現這個一起玩的男孩長大了。他能給她別人給不了的安慰和安全感。她說服自己，和他在一起。

那是一次錯誤的決定。自從他們在一起後，蕭菲確實覺得自己不用再一個人孤獨的掙扎。又多個人可以幫自己分擔這些害怕，這讓她感覺很不錯。只是，也是從他們在一起開始，蕭菲陷入了另一種焦慮：她很清楚知道，自己是需要他，但並不愛他。她只喜歡他照顧自己的樣子，不喜歡他沒有主見的樣子；她喜歡他安慰自己的樣子，不喜歡他太在意家人的意見；她喜歡他有男人味的樣子，不喜歡他撒嬌無助的樣子……她知道，自己的這些喜歡都來自於自私的需要，這些挑剔都是來自不愛他。

不能再這樣下去。既然已經找到分手的時間點，就不能再利用他。蕭菲覺得，自己再這樣自私下去，她對自己的厭惡只會越來越深。她越看他不順眼，就越討厭自己。他愛自己的方式沒有錯。不趕快停止這一切，對他的傷害會到什麼程度，蕭菲自己都不敢想。

他說，自從分手後，他從來沒有這麼沒自信過。聽著他的留言，語氣中塞滿沮喪和痛苦。蕭菲還是見了他。

「我覺得我很賤！你走吧！」蕭菲的聲音低沉，她現在冷靜的連自己都覺得有點可怕。

「爲什麼？我很想你。」

「可是我並不想你，一直以來我只是需要你，你還不懂嗎？別傻了！」

該讓一切回到本該有的位子了！蕭菲想念那個純眞的自己。

關鍵詞：思念

王菲在歌裡唱到：思念是一種很玄的東西，如影隨形……

是愛情讓思念變美，還是思念讓愛情變美呢？

如果說相愛是達成慾望，那麼思念就是欲求不滿。

在一起的戀人，會思念，

不在一起的人，也會思念。

愛情會讓思緒飄向遠方，

那思念是痛苦還是快樂呢？

那思念到底是甚麼，

是牽掛、是寄託、是投射、是假象……

都是。

思念是一種情緒的轉移。

能接受的、不能接受的，
想要的、不想要的，
只要塞進思念裡，
都可以被合理。
這是正在思念的人心裡的一場遊戲。

星座與愛情：

水瓶的愛情從來都不是小情小愛。水瓶的愛情要放的很大——愛就要愛的志同道合、有目標、有意義。畢竟水瓶天生觸角就比一般人長。周圍大到生態、人權、政治取向，小到同事、鄰居、寵物，他都想要付出一己之力，去做點什麼。他不想要平淡無奇的人生。水瓶需要親自打造一個無悔的人生。人生格局放這麼大，習慣忙碌，沒時間也沒興趣去處理小情小愛的水瓶，要如何面對感情呢？

想法特別、喜歡逆向思維、最好能幫助大家把事情做得更好、讓更多人可以越來越好。這是水瓶真正想要的。就算現在做不到，他的心底也會有這樣期待。水瓶需要成就感。他的個性一面是：柔軟、耐力、細心；另一半是：堅定、格局、行動力。這麼內外兼具，又難以收服的水瓶，跟他談戀愛，需要強大的自信和獨立。

就算談戀愛，水瓶的頭腦大部分時間是清醒的。他希望擁有獨立空間不被打擾，他希望對方尊重他的想法，不要過度干涉。這些想法很難不被認為「難搞」。但水瓶的不好相處單純只是想做點自己喜歡的事，而他的特立獨行也單純只是沒辦法分心而已。只是水瓶不太會順著人情事理來表達自己的想法，結果，就會被認為是怪胎。想談戀愛但不懂人情世故，思維太跳又說不清楚。和水瓶談戀愛，不會太輕鬆。

愛情送分題：水瓶座看人、看事有自己的一套價値觀，個性獨立，果斷灑脫，任何難題放在他們那裡總是能找出幾種方法來解決。是個厲害的神隊友喔！

給水瓶的建議：水瓶喜歡戀愛的感覺。他喜歡跟自己的同溫層在一起，其他人就不管。所以聊著來的時候，水瓶座就會像孩子一樣很開心，他會常常出現在你面前。一旦他對自己的表現有點失望，或者是感覺扛不起那麼重的責任，那麼他就會一秒消失，躲起來獨處一陣子。

跟水瓶相處，你最好要學會「通靈」！在需要跟水瓶好好溝通的時候，他通常會玩消失。等他出現的時候，也不會解釋太多。他覺得自己並沒有做什麼不好的事，就算爽約，也沒什麼。

像故事裡蕭菲就是水瓶座。想找個依靠，結果青梅竹馬沒有野心，這種小情小愛不是水瓶蕭菲喜歡的，但爲了排遣寂寞，也勉強在一起。後來她趁著畢業提出分手，不想再利用青梅竹馬，蕭菲對自己當初的自私很是不齒。這是很典型的水瓶。戀愛喜歡找同溫層，但又不能閉門造車，沒有遠大理想。會爲別人的利益著想，但表達和行爲又不按常理出牌。這種矛盾是水瓶在尋找自我定位的過程中必然會經歷的心路歷程。

水瓶的自信來自於：一旦想好了，就會貫徹始終。能一針見血，就絕不拖泥帶水。別人基本上是沒什麼機會改變他已經認定的想法。尤其在感情中，這部分的個性需要特別注意和微調。畢竟談戀愛是兩個人的事。一個人單方面的想法，就替代兩個人去做決定，這對另一半確實是不夠尊重的。建議水瓶在做任何情感面的決定前，少思考利益得失，多問問自己：我準備好了嗎？如果需要我妥協，我做得到嗎？我在乎對方的感受嗎？從情感面理性判斷自己的想法，就能減少做錯選擇的風險。

三個糾結：

(1)在愛情裡，當只有一個人單方面思念著對方，這樣的感情就是抓不住。

(2)有時候遙遠的思念只是愛情的假象。

(3)愛情，必定會有一個生根、發芽、成長的過程，只想要穩定結果的愛情，是不切實際。

三個成長：

(1)當思念來了，放鬆去喜歡對方，就是愛情。

(2)兩個人如果在愛情的萌芽階段，對未來的態度可能會不一樣，好好相處才是唯一的答案。

(3)戀愛、婚姻、責任，有時候要分開來看，有時候要合起來看。

故事的後面：

故事裡蕭菲沒有意識到的是，她還是喜歡青梅竹馬，只是沒有到情人間的相愛程度。但也沒有她自己所想得那麼壞，「跟青梅竹馬在一起，爲的就是利用他讓自己開心不空虛」。並沒有這麼嚴重。而且蕭菲也忽略一點，青梅竹馬喜歡她，也是基於一種依賴。蕭菲帶來的安全的感覺，是青梅竹馬在被家族嚴重控制的氛圍中最大的安慰。與其說，當初蕭菲利用青梅竹馬的照顧，不如說他們兩個人當時是互相需要的。

當蕭菲面對到，愛的意義不只是互相照顧，她並不愛青梅竹馬時，也就是她的愛情觀變成熟的時候。坦誠的面對自己的感覺，然後結束一段沒有愛的關係，這沒有錯，而是一種成長。而分開，也不代表蕭菲就是冷血、青梅竹馬就是被拋棄。只有蕭菲成熟的結束這段沒有愛的感情，青梅竹馬才有機會收穫屬於自己的愛情。這是一件好事。而且還需要再提的是，蕭菲和青梅竹馬之間是有感情的。如果這段情誼可以健康的延續下去，是非常珍貴的，讓人羨慕。

確實，蕭菲在這段關係中是比較任性的。經過這段感情的洗禮，她也開始反思什麼是愛情，她需要怎樣的另一半。這樣的想法，已經開始把兩個人的關係導入到正確的位置。分手後，青梅竹馬仍然會想念蕭菲，這種思念是一種心理的依戀。而蕭菲對青梅竹馬也並不是沒有掛念。

愛情本來就是一個狀態，有不成熟的、有成熟的。一路跌跌撞撞的嘗試，才有機會了解自己的心意。這是人之常情。如果想讓感情之路不要走太多彎路，就需要克制自己的情感。比如說，了解愛一個人會思念他，但思念一個人不一定是愛。在直覺、激情和理性之間，如果能夠刻意找到某種平衡，也許能愛得輕鬆一點。

Story 12 雙魚座

自由：想要在一起

有沒有一個地方，記錄著發生過的所有：想忘的人、結束的事，一直寄託著的心……把這些都紀錄在那裡，就不用天天放在心上空耗精力。如果哪一天，當某種味道、某種感覺出現時，再把這些收藏的紀錄全部被翻出來，那些過去的種種就會再回來。如果眞的可以這樣，等待的時間就沒那麼的苦楚、錯過的靈魂也沒那麼遺憾吧！

小雪離婚了。她做這個決定，是怕自己以後會後悔。這心情就像當初決定結婚的時候一樣：沒有什麼結的理由，但不結怕自己以後會後悔。不知道別人怎麼想，經過這次離婚，小雪才警覺——自己把感情看得太簡單。一直以爲只要認眞對待感情，就不會辜負自己。誰知道，這麼多年認眞維護婚姻下來，她最辜負的，就是自己。

離婚後，過往的日子宛如一場夢。兩個人的連結被硬生生的切斷，那種斷裂的感覺，連帶把那段感情裡的自己也從身體上切掉。帶著少了某部分的自己，再重新回到一個人。這種沒有重心的重新獨立，連走路的重心都需要用力調整。於是，帶著做了場夢的空虛，小雪搬到新城市。與其說希望重新開始，不如說她想要逃離那個傷心地。

逃開傷心地，來到陌生地，每天出門、回家要靠手機定位。不得不承認，心裡有滿滿的失落。但還好，小雪可以接受這種孤寂感。就像大學剛畢業的那年一樣。從學校這個小世界走出來，準備融入一個看不到底的大世界。雖然孤寂，但充滿可能性。

融入大城市的好處就是，它會讓你不由自主忙起來。機會推著她，她也在趁著機會的浪潮往前。經過這兩年的摸索，小雪已經有了靠自己立足的自信。不過大城市機會雖多，但也很有漂泊感。生活成本高，居住成本也高。這些雖然剛好成爲小雪往前的動力，但也讓她不敢看太遠。當代人之所以推崇「活在當下」就是進退兩難的結果吧？小雪很有感觸：大城市的機會和魅力讓她回不去，大城市的壓力與高消費扼殺她對未來的想像。把今天先過好再說，不知道這是知世而安的智慧，還是苟且混日的麻木。總之，只能過好一天算一天吧！

晚上，小雪放空滑手機。突然想要整理一下臉書的好友，那些沒有互動的殭屍臉友也應該刪一刪。滑著滑著，看到陌生人留言，一個再熟悉不過的名字映入她的眼簾，眞的是他？

果然是他！小雪第一個眞正意義上的男朋友。十五年前過去了，他竟然透過臉書找到這裡！這是他半年前的留言。當年他們分手後，再也沒有聯絡過。小雪實在太好奇，他怎麼現在來找她？沒想到，小雪才剛傳了訊息，他馬上就回訊息了。「眞的是我！我找了妳好久！太好了！終於找到妳了！妳現在都好嗎？」

看著一連串的字，小雪的心跳得很快。彷彿間，她重新回到青澀的歲月，臉紅心跳地在看他寫的情書。

「我都好，謝謝你，好久不見。你有什麼事嗎？」回什麼小雪都覺得怪怪的，畢竟是陳年的前任，還是簡單點好。

「我們分手後，我一直都沒有忘記妳。後來想找妳，但聽說妳結婚了，也不方便打擾。我現在離婚了，因爲我覺得我一直愛著的人就是妳，不管談多少次戀愛，還是結婚生小孩，這個想法依然在我的心裡無法拔除。想來想去，我覺得我還是想要見見妳。我沒有要打擾妳婚姻的意思。單純就是想確認一下，我是不是這輩子心裡放不下別人，只能有妳。當然，這是我單方面的想法，我不會影響妳的生活的。請妳考慮一下，跟我見個面。好不好？」小雪看著他洋洋灑灑超多字的留言，覺得有點感動。但馬上理智告訴她，大家都是成年人，哪還有那種純情的依戀，算了吧！不過見見面倒是可以，就算是對過去戀情的一種祭典，小雪也想看看，當初自己喜歡的人，現在變成什麼樣子。

白色牛仔吊帶褲，淺藍色麻質蓬蓬袖上衣，小雪頂著高蹺的馬尾，走進飯店。她答應跟他見面吃個午餐。沒想到他給的地址是這裡。這個飯店是這座城市數一數二的高級飯店，看來他早有準備。小雪比預定時間早到十分鐘，坐在餐廳等他。這十分鐘對小雪來說，好漫長。和十五年前的前任見面，這個曾經熟悉的陌生人，自己還能認得出他嗎？他會不會覺得我老了，看到我就放下了？他表明離婚，又說自己是他心裡唯一愛的人，到底懷著什麼心思呢？要不要告訴他自己離婚的事？小雪這兩天不由自主都在想這些事。現在馬上就要看到他了，要用什麼心態去面對呢？算了！小雪揉一揉太陽穴，勸自己自然一點，做自己就好。

「對不起，讓妳久等了！」他迎面走來，脫下西裝外套放在沙發上，坐下來的樣子還是那麼自信又隨性，那股熟悉的感覺，霎那間讓小雪誤以爲自己穿越回到十五年前。「妳還是這麼美，一點都沒變啊！我都老了，妳看，都有白頭髮了！時間怎麼這麼不公平！哈哈……」他這麼直接，小雪也不知道回什麼好，只好故作輕鬆笑一笑：「哪有！好久不見！」

「妳老公知道妳來見我嗎？總覺得單獨約妳出來對他不好意思。」

「喔，沒關係的。」

「哇！他很開放啊，對這麼美的老婆這麼放心！」

「我也離婚了，所以沒關係。」

好久沒談戀愛了啊！小雪看著對面的這個曾經熟悉的男人心想。

關鍵詞：自由

自由能讓人快樂，

快樂是我們開啟愛、持續愛的關鍵。

當一份感情不自由的時候，很難產生愛的感覺。

聽過「愛與和平」的組合，很少聽到「愛與自由」的組合。

「絕對的自由」和「愛」，一般被看成對立的兩面。

在愛情裡，愛和自由真的可以並存嗎？

可以，也不可以。

愛情本身是自由的。

想愛誰就愛誰，只要是一種感覺，就不被限制。

如果把愛情放在關係中看，

自由就是有限的，
只能期許關係中的信任，釋出一些空間來感受自由。
但，
如果一份情感關係，
能夠讓讓疲累的心，
在紛擾中獲得寧靜，
在挫折時得到休息，
在失意時獲得希望，
……
那麼這份愛就能帶來安心、信任和鼓勵，
賦予內心極大的自由感。
這種自由和愛，就能造就美好的關係。

星座與愛情：

雙魚平常會把自己的時間塡滿。沒有行程，他會心慌意亂。只要有目標，雙魚什麼事都想做，也很有動力。雙魚喜歡忙碌，只有愛情可以讓他願意停下來享受一下人生。

雙魚全身都是一種愛的磁場。他可以讓人在很短的時間裡感受到被包容、被同理、被支持。再加上他的浪漫多情，常常把自己當作人魚公主，不管是工作、朋友還是愛情，他們都義無反顧、全身心投入。這種執著會影響他身邊的人，因爲他是在玩眞的，讓人願意相信他們的立場和選擇，也願意會配合他。和雙魚談戀愛，像在泉水裡游泳一樣，療癒而有力量。

雙魚很容易靠感覺去理解關係。他一面幻想完美童話一樣的美好愛情，一面也願意妥協現實生活的不完美。雙魚是強大而隱形的存在。他的包容力很強，同時他也不會讓人覺得欠他的。他懂全然交付的美好，也懂利益世故的現實。像雙魚在感情裡的這種「天眞與老練」的組合確實不多見。

木星和海王星同時守護的雙魚有著浪漫文藝的內心。陷入愛情的雙魚，表情常常會透露出迷濛夢幻的氣息，他的氣質裡也帶著濾鏡般浪漫、穿越、不眞實的神祕色彩。戀愛中的雙魚性情溫柔，很容易相處。不過，他也容易敏感、脆弱，刺破幻想、赤裸的紛爭、糾葛，他能不面對就不面對。在愛情裡，雙魚習慣展現自己的溫柔與完美，至於那些真實的部分，他會選擇自己承擔和消化。

愛情送分題：雙魚懂浪漫也懂妥協。對重要的人，總是全心付出沒有怨言。雙魚很堅強也很好哄，是集可愛與強大於一身的美好存在。

給雙魚的建議：雙魚是很好相處的人。基本上只要你提出想法，他什麼都好。也不是說雙魚人人好，沒有主見和分辨力，而是說，雙魚覺得，只要是想法，他都想聽一聽，只要有機會，他都想試一試。他願意給出最大的誠意，他希望感情能和睦相處就不要針鋒相對。

不過雙魚脆弱起來，就會變得完全不一樣。他容易感受到絕望，也擅長逃避，也會在不敵低潮的時候沉迷……平日看起來活躍的雙魚，他的另一面是非常沒有自信的。他不是沒有能力拿回尊嚴和自信。他只是傻傻的相信，內心如果變得太強大，他就再也沒有藉口去尋找心裡嚮往的愛情。

像故事裡的小雪，她是勇敢的。在離婚後，選擇去新的城市，告別過去的自己，重新開始。後來遇到初戀，才能窺探到她隱藏在心裡的脆弱。她是需要被關心和呵護的。在沒有人依靠的時候，她可以選擇獨立堅強的面對生活。當她遇到初戀，有了被愛護的機會，她才感受到自己也需要肩膀。

這裡需要注意的是，脆弱時候的雙魚更容易走「博愛路線」。是愛，還是一種「共情」，雙魚大多數時候是分不清楚的。感情可以是安慰劑，用戀愛的粉紅泡泡把現實的挫折感沖淡一點。在脆弱的時候更容易混淆感情和感性產生的感覺，這是雙魚要特別注意的。還有一點要特別注意的是，不管感情對象有多好，是初戀、條件好、當下非常貼心，都不代表會很幸福。不要把事情想得太虛幻。像對待工作一樣，在面對感情的時候，要清楚的去觀察對方的目的，感受自己的感覺。最後，雙魚要特別注意的是：單靠愛情是不能實現內心的自由的。在愛情裡面，給予對方自由是一種尊重，但絕對不能因此來壓縮自己的自尊。好的感情，單用付出是交換不來的，好的感情需要彼此互相尊重。

三個糾結：

(1)單靠愛情是不能實現自由的，何況自由常常與不負責任劃上等號。

(2)在愛情裡面，給予對方自由是一種尊重，不該是藉口或交換條件。

(3)只有自由的愛情，也是無法長久的。

三個成長：

(1)一個自由的人才能擁有一份舒服的愛。自由就是尊重對方，也尊重自己。

(2)尊重的第一步，是給對方保留一些空間，也給自己些空間。

(3)如果說自由是相互尊重，那愛就不只是兩情相悅，還有許多許多的「心甘情願」。

故事的後面：

自由，是大腦的運動。愛的自由，是保持單純的動機去愛一個人。對對方沒有期待和控制，維持簡單的互動和直接的溝通。放心、不猜疑，就是單純的爲對方好。

故事裡小雪離婚的主要原因，是她的前夫認爲，她需要聽從他的判斷和意見，而且最好不要有反駁。一開始，她覺得前夫是有道理的，有些事前夫的判斷非常準確。相處到後來，她發現，只要自己有不一樣的想法，她的前夫就會情緒暴躁，認爲她沒有尊重和認同他。這樣的轉變讓小雪喘不過氣來，後來選擇離婚。

必須說，好的感情關係，必須要有自然的吸引力。這種吸引力來自輕鬆的互動和快樂的交流。即使會有爭執，也是善意的，並不是惡意的控制和佔有。很顯然，故事裡的小雪和前夫之間的問題就很嚴重。

但是後來小雪也沒有跟初戀在一起。她發現，初戀所表現出來的：「妳才是最好的」、「我的心裡只有妳」也是一種極端的佔有慾和控制慾的展現。初戀會跟小雪分享他對人生、感情、金錢的想法，並希望小雪完全的同意他的想法。這種「我說的一定是對的，你怎麼還不趕快表示贊同」的態度，就是畸形控制心態。當小雪看清楚這一點之後，很快就跟初戀保持距離。花時間先把新的環境適應好，把前一段婚姻帶來的心理陰影整理好，把獨立堅韌的自己再重新喚醒，這些才是小雪現在需要花時間做的事。

把自己經營好，才能眞正感受到自由。再用健康自由的內心去做判斷，才不會愛錯人。

Twelve Constellations

金星星座

The 32 keys of Love

Story 13 金星牡羊座

安全感：愛情保鮮期

一顆受傷的心在趕路。烏龜說：「你比我走得還慢，不如休息一下，等傷口癒合再趕路吧！」心搖搖頭，繼續趕路。老鷹說：「只要你哭給我看，讓我看看你有多痛，我就帶你飛！」心一樣搖搖頭，繼續趕路。春天的雨打在傷口上，陣陣作痛；夏天的烈陽曝晒著傷口，乾癢難耐；秋天的風吹裂了傷口，只能重新包紮……終於，在冬天的寒霜中，心找到一個壁爐，裡面有暖暖的火。冬眠的熊被它吵醒，認出這顆受傷的心。熊很驚訝它可以帶著傷一路走這麼遠：「你怎麼還在趕路？傷口不痛嗎？」心說：「痛啊，但是越來越不痛了。你看傷口已經快好了。」「你爲什麼不乾脆等傷口痊癒再趕路呢？」熊繼續追問。「傷口遲早會好啊，但是路上的風景我一點都不想錯過。」心說。

夏函最後決定租那間便宜一點的房子。反正只要忍耐二年，等預售屋蓋好了，就可以舒舒服服的住。把二年租房子的錢省下，就是一筆可觀的裝潢費用，這點小算盤，她還是很會打的。只是沒想到，男友因此更少回家。

當初他不反對租這間房。房子其實格局很好，臥室、書房、廚房、客廳都是方方正正、一應俱全的。甚至還有儲藏室，剛好滿足他們提早購置新房的擺飾和傢俱的欲望。只要一次繳一年的房租，每個月可以省很多錢，這對臨時租房來說，已是上乘的選擇。只有一點點美中不足，就是房子跟鄰近建案的棟距有點近，房東為了保持隱私，每間房間的窗戶都貼好了防窺鏡面玻璃貼。就像車窗被貼了黑乎乎的隔熱貼一樣。

自從住進這間沒有風景的房子，好像住進一個黑盒子一樣。整個家瀰漫著一股窒息的氛圍。夏函發現，原來人這麼需要和外面世界連結。在餐桌上喝咖啡，想看看外面的景色。發呆的時候，想感覺外面的生活氣息。睡覺的時候，想在拉窗簾的時候看一看外面的燈光。越沒有什麼，對那個沒有的渴望就越強烈。

聽到男友和媽媽抱怨，房子雖然租的便宜，但是實在太悶了，好像被關禁閉一樣，實在待不住。夏函不由得覺得委屈。在這個家，自己待的時間最久，畢竟她大部分的工作都是在家裡完成的。男友對自己的處境沒有一點關心，反倒跟媽媽說心事……想到這裡，夏函勸自己不要胡思亂想，撐一下就過了，反正也不需要太久時間。他抱怨他的，我住我的，總不能強求他跟自己一樣的心態。這一番自我勸解還是蠻有用的，心裡舒服不少。跟男友不一樣，她不輕易跟爸媽講自己的難處。生活還是由自己在掌舵的，遇到難處也是自己選的，說出來又能怎樣？只能白白給父母找麻煩。

當然，夏函也明白，再怎麼會自我調適，她也是需要出口。這個年紀已經不是跟父母撒嬌、跟閨蜜抱怨的年紀。她更傾向自己默默消化。以前也想著跟男友溝通。後來發現，所謂「情侶間的溝通」就是一種控制。什麼理性邏輯、柔性互動，都是假的，讓對方贊同自己的想法，才是眞正的目的。夏函不喜歡這種互相控制的遊戲。感情要的就是一種安慰、一種歸屬，何必相處的這麼累？

住在這裡半年來，男友借各種理由出門的頻率越來越高。一開始是爲了衝新業績要加班，不得不晚回家。後來是週末想要陪父母，就直接住在他爸媽家不回來。男友的爸媽家就在同一個城市，多去看看他們也是合理，夏函不方便說什麼。只是如果是她自己，即便自己家沒有離很遠，也不會只顧著安排自己的時間，放著同居的男友不管。等他們的預售屋蓋好、裝潢好，他們是準備要結婚的。但這半年來，夏函對結婚是越來越不確定。萬一這才是他的本性，結婚後自己該怎麼辦？有了這樣的疑問，夏函有點慶幸，嘗試同居的這個決定是對的。現在就已經發現問題。

算來和男友已經交往九年了。他們約定，如果兩人穩定交往十年就結婚。時間到了，房子也買了，夏函本來對自己的未來多了一點點的興奮。人生的新旅程即將開始，人妻、媳婦、人母，雖然這些角色有點沉重，但是自己沒有經歷過的，她很想要嘗試看看，由自己建立起來的家，會是什麼樣子。

但她從來沒有想過是這個樣子。

二年的時間很快就到了。預售屋室內格局也已經變更好，再二個月，他們終於可以搬進新家。就在這個當口，男友突然坦承，他讓外面的女生懷孕了。

「但是，孩子已經處理掉了，我和她已經沒有任何聯絡，妳放心。只是，她說她要打給妳，我勸不住。我怕她跟妳說什麼話，讓我們之間有更多誤會。我覺得我應該是有點婚前焦慮才做了這麼愚蠢的事。我主動向妳坦承，是希望妳看在這十年感情的份上，原諒我。我一定會加倍對妳好的！我們的房子也快裝潢好了，下週也可以提新車！一切都會好的！相信我，好不好？」看著滿臉又愧疚又急躁又誠懇的男友，夏函沒有說什麼。她需要想一想。她想要回想一下這二年來，有哪些蛛絲馬跡可以追溯。本來設想過，如果男友劈腿了，自己應該會大哭大吵一番。可是她現在不想哭，也不想吵。夏函只想把自己關在房間裡睡一覺。

果然有個陌生電話打來，是男友劈腿的對象。和想像中諜對諜的聲討不一樣，電話那頭，女孩跟她道歉。女孩說自己對不起她，更對不起肚子裡的孩子。她以爲只要對他好，眞心眞意，他就會分手跟自己在一起。事實上，當她被要求拿掉孩子的那一刻，她才發現自己不僅重重的傷害自己，也傷害另一個眞心眞意的人。女孩在電話裡大哭，夏函安慰了她：「算了，現在計較這些沒有用，都過去了。妳也算幫我看清一個人。」

一覺醒來，看到男友留言說，他爸媽叫他回家吃飯。夏函打給媽媽：「我有些東西放不下，先寄回家好嗎？」現在離開是最好的選擇。與其說用十年看清一個男人，不如說，用這十年看清了自己。夏函覺得這也算是値得慶幸的事。

關鍵詞：安全感

想要得到安全感的人，特別渴望愛，想從愛裡面找到歸屬。有沒有安全感，就像一份直覺測驗，能給的人就可以順利通過。安全感，是很個人的感受。

你想要的，他給不了，

他想給的，你不需要。

就此，
一份對安全感的需求，
造成了「我愛你，但你愛他」的局面。
可見，在安全感上做文章，
就會牽扯到複雜的情緒源頭，
愛情關係因此變成情緒餵養關係，
在滿足與不滿足之間，
關係被拉扯變形，
愛情也失去了原有的樣子。
不要對「安全感」上癮，
它會麻痺心的力量，
把心變得脆弱、無能。
在愛情裡，真心和付出才是主題。
給的確定、收的自信、相互信任，
自然就會有安全感。

星座與愛情：

金星牡羊在感情裡是一個橫衝直撞的孩子。對他來說，愛情就是一個互相追逐的遊戲。你追我、我追你，互相對彼此有熱情，才是有愛。看看這兩年，外面的世界，疫情嚴重、經濟不穩定、種族衝突多、人與人之間不信任……這種大環境下，衝動、暴躁、幼稚、自我，每個人多少都有。當這些牡羊特質，已經成爲普羅大眾的日常時，牡羊座的缺點好像就沒那麼讓人不舒服。

所以，在感情世界裡，金星牡羊的個性現在是越來越受歡迎的：直接主動、天眞簡單、任性自我、自信獨立。這幾個詞套到現在盛行的偶像劇主角身上都成立。金星牡羊對感情很願意投入，而且他最討厭沒有自信的人。在感情裡，要就是要，不要就乾脆一點，優柔寡斷、扭捏作態的做法，他會認爲這是不眞誠。金星牡羊不喜歡妥協，愛他的人要願意讓他「做自己」。

愛情送分題：金星牡羊氣質獨特，這一點很受大家的歡迎。金星牡羊愛的純粹，願意爲愛情付出全部，是很有魅力的對象喔！

給金星牡羊的建議：金星牡羊耿直，談戀愛直來直往不藏私。愛就全要，不愛也瀟脫。看起來天眞，但相處起來，眞的讓人感覺不好駕馭。他認爲，生活已經夠複雜，談戀愛少點拐彎抹角，多一點坦誠相待是好事。他最怕那些藏著心事不講的人：誰知道你在想什麼？就算我猜，也是在用自己的心情揣測你的心意。這樣既片面又麻煩，何必呢？還是簡單點好！

故事裡的夏函就是金星牡羊。她爲了省預售屋裝潢的錢，租了便宜的房子。房子狀況不差，但是住起來的感覺也不是太好。夏函認爲，爲了未來的房子裝潢費忍一下沒什麼不好。誰知男友不能理解這種觀念，偷偷劈腿。男友知道事情會暴露，主動跟夏函坦承了自己劈腿讓別的女生懷孕之後，金星牡羊的她，弱化自己的個性和憤怒，轉而思考，放棄這段即將成婚的十年感情，選擇調整生活、重新開始。

在這裡需要注意的是，像租房子同居這樣的事，故事裡的夏函雖然是好心想省錢，但也不能只想著省錢的目標，就自己單方面做決定。她和男友同居，租的房子就應該是兩個人都喜歡的。夏函因爲一個「爲未來好」的理由忽略男友的需求，男友一定會覺得自己的感受不被重視。

金星牡羊喜歡自己愛的人把自己放在最重要的位子。但金星牡羊也需要尊重和重視自己愛的人——他需要什麼、正在想什麼，也要及時去關心。想要被愛，想要在感情裡掌握安全感，就要將心比心，思考自己能爲對方做點什麼，讓他也能因爲自己的付出而開心。這部分是金星牡羊很重要的課題。

三個糾結：

(1)沒有安全感，是把過去的創傷，放在新的感情裡面去想像。

(2)有問題，馬上歸咎為對方的錯，沒有思考自己的沒安全感是不是來自自己沒信心。

(3)安全感問題可能是最有「感覺」的問題，但不一定是愛裡面最根本的問題。

三個成長：

(1)不要過度放大安全感帶給我們的感覺，要去看背後真正的心態，在愛裡也要常常反省自己的。

(2)愛裡面沒有一定的對錯，只有互相配合，這跟安全感無關，是你願不願意罷了。要愛了，就要去做的。

(3)沒有安全感，不是只能跟對方要，自己也可以為對方建立安全感。

故事的後面：

不要過度放大安全感帶給我們的感覺。故事裡的夏函，覺得只要自己是爲了未來好，就可以放心做任何決定。結果忽略男友的需求。要常常站在對方的立場來看，自己能做點什麼，在愛裡也要常常反省自己。這是後來夏函了解到的。兩個人相愛，沒有一定的對錯，只有互相配合，才能建立一個互相都認可的安全感。

不過一旦安全感沒有了，自己去建立也無妨。夏函最後知道自己無法再跟男友履行結婚的承諾，她決定重新開始。這時候，安全感就要靠自己給自己。

面對安全感的議題，可以回溯一下原生家庭。父母長輩在我們小時候給我們的安全感，是由什麼建構的呢？這些元素，有兩個原型，這兩個原型的組合比例，構成了我們長大後安全感的源頭——

父親原型，是我們積極、理性、陽光、效率、目標的能量。

母親原型，是我們放鬆、感性、安穩、創造、累積的能量。

小時候，是誰照顧我們多一點，他們的分工是什麼？誰對我們的生活影響比較大？誰對我們的想法影響深？這些都是重要的參考因素。

養育我們的父母長輩是我們能捕捉到的第一對人格原型。他們孕育、教導、影響了我們，是我們幼小時期的全世界。當我們長大後在這諾大的世界裡，緊緊握住父母長輩給我們的習慣，想以此確保自己能獲得安全感時，一種「完美伴侶」的設定就出現。但，在愛情裡，我們不能透過控制別人來獲得自己想要的安全感。不會有人願意爲我們量身訂製一個「完美伴侶」。

在感情裡，了解自己、關心自己所愛之人，才能平衡兩個人的心。當你越了解自己、越了解對方，就越知道安全感可以從哪裡獲得。

Story 14 金星金牛座

舒服：安心與失去

以爲努力了、達成了、擁有了，就安心了。殊不知，這正是失去的開始。就像手裡的流沙、臉上的皺紋、銀行卡裡的存款……上次看感覺還不錯，一晃神再看，怎麼都變了？

在最好的時候遇到他。

家瑄覺得沒有什麼事比這更欣慰。一路跌跌撞撞，連她自己都不知道前面的路會是什麼。只是不想被丟下，不想承認自己的懦弱，就算趴著也要帶著自己的驕傲往前走。

二十幾歲的她也談過幾次戀愛。每一次她都以爲是要走一輩子的。當她天真的以爲愛情也不難的時候，老天總會漫不經心給她當頭棒喝——不難才怪！這幾次戀愛，劈腿男覺得別人比她可愛。高貴男的家人覺得他們要找門當戶對的人。總裁男倒是願意繼續下去，但條件是她必須辭去工作，一起出國移民，她要在家相夫教子。想要的，這些男人都沒有。不想要的，倒是琳瑯滿目什麼人都有，這些戀愛慘痛經歷撕開了她的眼界。

一連串的希望、失望，振作、再失望，鼓起勇氣、重重挫敗……家瑄不由得想：「『敗犬』這個詞用的眞好！不知道是誰想到的，但她一定像我這樣又痛苦又挫敗過吧！」最後一次分手，想哭都哭不出來。不是眼淚哭乾了，是她覺得自己好笑。

把戀愛當工作一樣看待——雖然迷茫但一定要努力。家瑄覺得是不是自己瘋了！最後她甘願用一個結論塘塞自己：一個人也蠻好的，寧缺勿濫，不要跟美好的生活過不去。

雖然感情表現碰壁，但她的工作表現還是很卓越的。有老友、有老本，能享受生活，少了老伴能怎麼樣？也有人說，以爲談了戀愛是幸福，結果反而給自己帶來所有的傷。何必這麼執著？至少自己沒有不好，一個人也可以享受生活、愜意自在。

後來家瑄總結，就是因爲那時的自己被傷得徹底，因此對自己想要什麼，她想得通透。而且工作的成就感，足夠療癒感情裡的傷。這時候的她獨立自主、深諳情路，整個體質處在最篤定也最有靈活度的時候。

這時候，他出現了。

那天家瑄的老客戶臨時有事，推薦他的得力部屬跟她交接工作。未見其名，就聽說，這個人吃苦努力、優秀得很。家瑄樂見和優秀的人工作，推動起來毫不費力，還能有新的火花提高成果。別的不敢說，但在工作上，家瑄務求「拳拳到肉」的效果，出手必出彩。

就這樣，兩個有口碑的人一起工作，完全是開外掛的表現。合作日漸風生水起，兩邊的公司都非常肯定他們這次成功的合作。慶功宴那天，家瑄喝了不少。她知道這個赤裸裸的現實：只有工作可以給自己最大的安慰，這時候要好好的享受這份成就感，因爲明天又要歸零，準備再闖下一關。

「下一關可以出彩的會是哪個項目呢？」家瑄喃喃自語，這時候應該開心，但她心裡面一點都開心不起來，她只想借點酒力，感覺一下那種輕飄飄的開心感覺。

「現在就不要想工作了，走，我送妳回家。」他的關心，讓家瑄嚇到瞬間酒醒。

「不會吧？」家瑄懶得玩幼稚的愛情遊戲，壯膽問：「怎樣，覺得我不錯，想追我啊？」

「對啊！工作的時候不方便聊私事，現在可以啦！我還想每天看到妳。」他的直接，瞬間撥亂家瑄本來準備好的話。

感覺來了，幹嘛要擋。害怕也要試試看，這就是愛情魔力——老天把一個人丟進另一個人的世界，同時，削去你的理智，挖出你的感覺，看看你能不能在那裡活得好好的。就像一隻蝦，如果幸運被丟進一條河，那是最好。萬一被丟到油鍋裡，變成別人嘴裡的美味佳餚，也只能認了。

帶著點悲壯的勇氣，三十好幾的家瑄終於願意談戀愛。她的這點以進爲退的倔強，被他看得透透。周圍的朋友們也跌破眼鏡：這位仁兄，到底哪裡厲害？一起工作時候也沒見得有多好，怎麼案子結束，兩個人反而越來越好！

老實說，家瑄說不上來他哪裡好，就是感覺對了。可能是因爲人在最好的時候，不再向空虛投降，對那些利多利好的人選滴水不進，反而能篩出適合自己的人。

家瑄覺得，自己的人生終於走上所謂的「正軌」。交往了半年，決定和他一起去國外闖一闖。創業還算順利，才有點「終於守得雲開見月明」的感覺，但老天又給家瑄出了難題。疫情無預警爆發，公司很快要面臨被迫暫停營運的局面。

她又慌了。家瑄其實不太害怕自己的老底被掏空，錢再賺就有。怕只怕，麵包沒了、愛情也泡湯，直接來個雞飛蛋打，自己該怎麼辦？她不得不面對這個可能發生的風險，讓自己提前做好心裡準備。

早上，家瑄跟往常一樣，準備了早餐，默默揣測他的一舉一動可能會代表什麼意涵。他咬著口裡的麵包，說：「妳現在卡裡有我一半的積蓄，查收一下。別發呆了，想什麼呢！我約了客戶，等等要視訊。直覺告訴我，我們一定可以撐過去的！」

本來想說聲謝謝的。家瑄大口大口啃著手裡的三明治，希望把眼眶裡的眼淚一起吞掉……

關鍵詞：舒服

愛，是自然而本能的情緒。
我們會自然本能去找愛，
因為，
被愛，是很舒服的。
當看到對方的好，心情也會跟著輕鬆；
被認可、被疼愛，心裡更是精神奕奕。
在愛情裡，
付出愛，覺得有成就感；
得到愛，覺得有歸屬感。
輕鬆、有精神、成就感、被寵愛……
這些愛情裡美好的感覺，
是舒服而愜意的。
心裡面安穩的舒服，

情緒上暢快的舒服，
精神面愉悅的舒服，
……
要愛就要愛得舒服。

星座與愛情：

金星金牛很會享受人生。他喜歡舒適的生活，可以從簡單事務中獲得快樂，也可以從興趣和成就中獲得快樂。雖然他不容易離開舒適圈，但，一旦願意接受挑戰、自我突破，又會變得篤定而勢如破竹。

有金星金牛的朋友是種福利。他溫暖，喜歡照顧別人。一旦他談戀愛，整個體質都改變了。他會情緒不穩定，也有一點小孩子氣，需要你常常的鼓勵他。金星金牛喜歡和另一半相處，一起煮飯、吃美食；一起聽音樂會、看展覽；或者在家裡點香薰蠟燭、品小酒、追劇。他需要近距離的接觸、需要生活來豐富兩個人的感情。如果沒有實質的互動，只是傳傳訊息、聊聊天，對於他來說還不如沒有。

所以，金星金牛如果是工作狂的話，都會晚一點再談戀愛。先拼工作，等真的有時間，可以花時間去約會、風花雪月，再來談感情，才是他最想要的。

愛情送分題：金星金牛很在乎另一半的感受。生活有品味、做人做事踏實可靠。是上得廳堂、下得廚房的全能王喔！

給金星金牛的建議：金星金牛特別在意自己的表現。彷彿自己做了什麼，隨時旁邊都會有監視器監視他一樣。所以不管是說什麼話、做什麼事，他會在各種細節上表現自己是可靠的、有所依據的、不是騙人的。金星金牛要求自己盡可能多掌握各種專業和資訊，以免別人問起來，或者自己遇到的時候什麼都不知道，讓人覺得自己很不可靠。

故事裡的家瑄就是在工作上絕對認眞又盡責的工作狂。她可以接受「孤獨的卓越」，不能接受「幸福的平庸」。她就是典型的金星金牛——自我要求很高。這種自律又嚴格的可靠特質，源自於她想要優渥的生活品質。工作好、專業能力強、人品好、薪水高、生活豐富……如果可以達到「人生勝利組」的標配目標，再來談戀愛，家瑄才覺得自己可以舒舒服服地享受一段愛情。這應該就是金星金牛維護自己安全感的方式吧！

其實金星金牛座蠻害怕好高騖遠、遙遠不可及的幻想。他希望透過努力，自己可以把這害怕轉化爲能力。有能力就有實現夢想的機會。這樣他的心裡面會舒服很多。

金星金牛要注意的是，愛情是一種衝動和感覺。請注意你的感受，如果你對某人有心動的感覺，可以適時靠近，讓對方知道你心意，才有後續的可能。

三個糾結：

(1)愛，不一定能直接幫助我們解決現實難題。

(2)只追求舒服的愛，是只關注自己感受的，有時是一廂情願，是自私。

(3)不舒服，就不愛了，這樣的愛走不長久。

三個成長：

(1)愛要愛得舒服，是要付出，主動擔起些責任的，也許是對方的，也許是自己的。

(2)關注自己，也要多關心對方。

(3)愛一個人，就會想去妥協、去磨合、去尊重、去分擔，這會讓不舒服的感覺，升級為信任感。

故事的後面：

愛要愛得舒服，並不是鼓勵大家只關注自己感受。舒服就愛，不舒服就不愛，這完全是把感情當兒戲。舒服愛的同時，也是要付出、主動擔起些責任的。關心自己，也要多關心對方。透過相處達成妥協、分擔、包容、理解才會眞的把愛，從激情升級爲舒服的相處，再升級爲信任。

故事裡家瑄就是因爲與男生有工作的這層關係，進而可以很快去信任男生。這種快速的判斷，來自於她對自己多年戀愛經驗的反思，還有對自己越來越信任的自信。家瑄蠻了解自己的，所以比較能夠放下矜持，勇敢試試看。

她答應了跟男生交往後，也是忐忑不安了好久。「同事們知道了會說什麼？」「工作中跟他公私不分怎麼辦？」「是單純交往看看就好呢？還是要先討論未來兩個人是不是都有結婚的打算？」家瑄想要舒服享受一份戀情，所以在談戀愛初期，她很想全盤掌握自己和男生的價值觀，有哪些是一樣的，有哪些是需要磨合的。她會害怕，如果交往一陣子，兩個人彼此感情很深了，才發現價值觀不同，到時候再分手就會痛苦。

家瑄的考量完全可以理解。不過，我們在一生中，有多少時間，是眞的可以讓自己活得舒舒服服，沒有一點不如意呢？人的大腦構造就是這樣，我們很容易去記得那些發生過的挫折，然後反覆在那些挫折中鑽牛角尖。只要我們活著，就會有問題存在。理性的看，人活著就是不斷解決各種問題的過程。

當家瑄了解到自己的這些過多疑慮是害怕進入新關係的表現。不要被過去不好的經驗綁架。家瑄要信任自己的領悟能力和成長速度。也要信任男生的眞誠和努力。一旦把注意力放到這裡，順著自己的理解和感覺去好好相處、好好相愛，這樣的過程就是舒服美好的過程。

一切都是最好的安排。

Story

15 金星雙子座

嫉妒：猜疑與承諾

最近有一個新詞，叫「人間清醒」，用來描述一種人：就算在物欲橫流的浪潮中載浮載沉，也可以清醒知道自己爲什麼在這裡。這比小清新的「清流」感多了一份鎮定——是嗜欲深而不卻步的自信。所謂「幸福」，在輕熟女心裡的定義，應該就是如此。

雅筑最近喜歡趴在他的肩膀上，聞著他獨有的香味，感覺著他的呼吸，她覺得自己好幸福。

遇到他之前，雅筑覺得自己哪是在談戀愛，朋友們說她談的根本是「孽緣」！初戀沒多久，男生就背著她劈腿大學學姊。後來又遇到一個，甜蜜期一個月，自己就被冷處理，兩個人糾結半年後，男生轉學，不了了之。再後來大學畢業，和同事戀愛，以爲會好一點，結果遇到一個看起來文雅其實是人面獸心的花花公子。朋友們實在是太佩服她的眼光，怎麼可以看人看得這麼的

「歪斜」！後來，只要聽到她覺得誰不錯，朋友們就強烈要求直接帶男生來跟大家會面。強烈要求幫忙過濾一下，才不會再種孽緣。

過去的這十幾年，眞不知道雅筑是怎麼活過來的。沒有被各種前任渣死，還眞是萬幸！遇到他之後，雅筑才有點自信去回顧自己悲慘到不能再悲慘的戀愛史。畢竟多比較，就可以提醒自己，一定要好好珍惜這段感情。

他在公司是個安靜的人，而且是個工作狂。他的專業堪稱業界頂尖，遇到同事只會笑一笑，除了工作必要的溝通，沒有多餘的一句話。但是，只有他們兩個人就不一樣。他常常逗她開心，也會溫柔照顧她。平常去哪裡都是溫馨接送，遲到早退也沒有半句怨言。雅筑怎麼想，都覺得這是一個值得穩交，可以考慮往下一步走的人選。

朋友們都知道雅筑的心思，中秋節聚餐的時候，就幫雅筑暗示他：都交往快一年了，如果覺得不錯，是不是該求婚？雅筑眞的很感謝自己的這幫朋友們。如果沒有她們，自己還不知道被渣成什麼樣。每次在自己低潮需要朋友的時候，大家都會來安慰她。雅筑覺得自己的人生，有朋友、有工作、有他，夫復何求，她很知足。

果然，聖誕節那天，趁著大家聚餐拆禮物的時候，他向雅筑求婚了。當他單膝跪地，拿著戒指表白的時候，雅筑對自己當下的感覺有點驚訝：「是的，我現在正在被求婚，我很開心。可是我一點都不激動，而且還有一種說不清楚的失落感。」那顆鑽石趁著聖誕節的霓虹燈，顯得特別的亮。

心裡有種不安，她猜自己可能是害怕進入下一個人生的階段，才會感覺怪怪的。大家的歡呼聲淹沒了雅筑心裡的聲音。她確定的是，這個男人跟前面遇到的人都不一樣。他沉穩、優秀、幽默、細心，關鍵是他對自己超級有耐心。和這樣的人在一起，應該是幸福的開始。

無名指多了一枚戒指，人生不再是一個人。上車回家的路上，雅筑還沉浸在被求婚的幸福裡。沒開幾分鐘，他把車停到路邊。他的臉很蒼白，他說感覺身體很不舒服，想要在車上休息一下。他說不需要去急診，雅筑只好看著他在車上蜷縮著，就這樣待了幾個小時。

就是這幾個小時，雅筑對他的感覺變了。從著急到安靜下來，她突然有種直覺，他似乎有什麼事沒有處理好就跟自己求婚。不知道他隱瞞了什麼。

有著多年被渣的經驗，雖然對一個人的感覺雅筑抓不準，但是對自己的直覺她還是很有自信的。他到底有什麼事瞞著自己呢？

他沒有回答雅筑的疑問，他第一次這麼直接忽略她的感受。

「有什麼問題，我們可以一起面對、一起解決。」雅筑試著冷靜的溝通。

「不要再逼問我了，讓我安靜一下好嗎？」他開始不耐煩。

他的不耐煩直接敲醒她：以爲自己會一直被寵愛下去，看來這應該都是假象。一個星期，雅筑避不見面，也不准自己看他的訊息。「如果這麼不情願，還求什麼婚呢？演給誰看呢？是可憐我嗎？」連續失眠幾天，雅筑越想越氣，幾乎不能控制自己想要爆發的情緒。她決定打給他，只給他一次解釋的機會。

「我離過婚，有一個兒子給前妻帶。最近前妻要結婚，希望之後兒子由我帶。我不知道該怎麼跟妳說，心裡很痛苦。求婚的時候也覺得，這樣隱瞞會傷害到我們的感情。可是我實在想不到更好的辦法。所以想說，等求婚結束，再找時機跟妳提這件事。雅筑，對不起！我不是故意要隱瞞，更沒想過要欺騙妳！這件事來的太突然，我眞的不知道該怎麼跟妳說，才不會嚇到妳……」威逼利誘之下，他終於吐露了實情。

原來從一開始，他就刻意隱瞞自己離過婚的事，更不知道他還有個孩子。離婚和孩子都沒有錯。但是他隱瞞的目的是什麼呢？遲早會被發現不是嗎？直覺告訴她，他的內心應該很黑暗，很可能黑暗的有點扭曲。如果嫁給他，他會用怎樣的眞面目對自己呢？自卑？自我？控制？她不敢往更深處想。而且這種先斬後奏，還有滿滿的藉口。什麼太突然？什麼迫不得已？他把所謂的難題用這種方式直接丟過來，用道德綁架的暗示來引導自己接受所有的一切，這不是在強迫和控制嗎？

「本來以爲這次遇到的是幸福，結果遇到的是更大的大魔王！眞的太可怕了！爲什麼別人可以那麼閃，我就那麼苦命！」雅筑跟閨蜜訴苦。

「哇！妳厲害了！這番分析，證明我們可以放心讓妳去談戀愛啦！」閨蜜的神解讀，把陷在痛苦裡的雅筑從泥沼裡一把拔出來。

原來戀愛也是有段數的！雅筑恍然大悟！

關鍵詞：嫉妒

容易比較，就容易產生嫉妒。

比較和嫉妒幾乎是雙生。

嫉妒被影視劇表現的很誇張，

乃至於在日常中我們幾乎感覺不到自己的嫉妒心。

事實上，日常的嫉妒就像灰塵一樣，

會不知不覺的覆蓋我們的自信。

直到有一天，當我們的心充滿了自卑，

可能會由別人那裡「聽說」自己很容易嫉妒人。
嫉妒是「認爲自己永遠做不到」的代名詞。
不僅對別人產生敵意，對自己也是滿滿的不信任。
覺得愛裡的所有美好、甜蜜、幸福，太難得，
以至於太容易擔心失去、擔心分手。
因而想用各種方式來控制感情。

當談這種嫉妒還是可救的。
但如果嫉妒心越來越強，
心底不僅對對方飽含刻薄，更是認爲沒有人會眞正愛自己，
甚至當嫉妒的情緒來得強烈，還會口出惡言、舉止偏激……
這不僅會傷害深愛的對方，最大的受害者更是自己。

人生歲月，多少都會帶來創傷和遺憾，
眞誠的坦白永遠比嫉妒而生的謊言來的更有效。
不管以前發生什麼，
只要現在眞誠的心是溫柔而篤定的就好。

金星雙子的人，在感情中比較粗線條：尤其是對另一半的感受，有時候會大剌剌的不去多想。這種個性好的一面是他們的包容力很強，是非常好相處的人。但比較令人擔心的一面是金星雙子很容易遇到問題就馬上轉移注意力，容易站在別人的角度，用別人的立場來說服自己。所以，金星雙子雖然心細如髮，也有自己的想法，但很可能在感情中，爲了經營感情而變成戀愛零智商。

尤其是心情這一塊，金星雙子，雖然在另一半面前表現的是積極、樂觀、有趣又活潑的一面，但私底下的他們比自己想像的要更需要自己的空間。他們需要時間消化自己堆積沒來得及處理的情緒。他們特別需要被耐心的呵護和強大成熟的包容。

回到故事，雅筑就是典型的金星雙子：遇到很多個渣男，依然可以相信愛情。就算被剛求婚的男友冷落，也不放棄溝通。這是她值得讓人疼愛的部分。但也因爲她樂觀的個性，對很多細節都顯得粗心很多。比如說，男友一開始就沒有坦誠有離過婚的事。像這樣的刻意隱瞞，如果細心的人，或許會在跟另一半約會聊天、回顧往事的時候就能一窺端倪。但是雅筑沒有發現。到後來，雅筑直覺覺得求婚的時候，兩個人之間的氛圍怪怪的，但她選試圖用別的理由說服自己，而不是去委婉跟對方溝通。雅筑的大剌剌，把未婚夫的愧疚之心暴露無遺，這是雅筑的可愛之處，但也是這樣的個性讓她深陷情感的危機中。

愛情送分題：金星雙子個性可愛、容易相處。他可以大方接受你所有的過去，也會用心跟你一起建構兩個人的未來。遇到挫折，他知道怎麼繞過。想要浪漫，他也有辦法給你驚喜。

給金星雙子的建議：金星雙子很容易在感情中產生自卑的心態。遇到對方的質疑和不滿，他們首先想到的是：是不是自己做得不夠好、不夠完美，或者認爲就算自己拼命努力應該也比不過某些人。這樣的心態會不小心把個人的感情發展，往「不同步、不平衡」的方向推，導致過份自責，或者過於懷疑的心態出現，這樣很容易破壞兩個人之間的互相信任，因此使感情出現問題。

故事裡雅筑在前面交往不成功，是因爲她把自己在感情中的位置擺的太低。而後來被求婚的這段感情，她也給對方太多的空間，而忘記自己在感情中應得的權利。直到最後，當未婚夫再也無法隱藏自己撒的謊，用不得已的藉口來包裝自己的自私自利，雅筑才清醒過來，開始學著維護自己的立場，開始尊重自己的感受。

其實雅筑心裡所隱藏的自卑，會讓她不小心去嫉妒那些擁有幸福的人。這種心理狀態，一方面覺得自己很不幸，一直被渣；另一方面覺得自己一定要找到一個擁有幸福範本的人。她的未婚夫在跟她交往的過程中，刻意把自己包裝成有著幸福範本裡男主角該有的所有條件：個性好、踏實沉穩、優秀，這麼做就是看穿雅筑想要的幸福劇本長什麼樣。他認爲，只要能順著雅筑想要的樣子獲得她的信任，感情中的一切就盡在他的掌握中。

幸運的是，雅筑最終還是清醒了。她知道自己因爲太想成爲幸福的樣子而掉進陷阱。金星雙子也很優秀，不需要懷著嫉妒的心去羨慕別人、看低自己。雅筑在感情裡的單純和直率是值得被好好珍惜的。

三個糾結：

(1)嫉妒背後，隱藏著一個預設的心態，覺得自己永遠做不到。

(2)愛情。兩個人的發展若不同步了，很容易把自己的適應不良，歸咎在另一半身上。

(3)在愛情裡，他看起來比我好，就等於我被背叛。

三個成長：

(1)把嫉妒當成一個學習，透過這個情緒告訴我們，我們想要卻還沒達成的學習目標就在那裡。

(2)在愛情裡，不會因為一個人比較好，另一個就變差，要互相配合、互相拉動彼此。

(3)試著先接受對方的美好，全然的欣賞，被背叛的感覺就會一點一點的消失。

故事的後面：

嫉妒其實還有有一個訊號，就是害怕對方越來越好之後，自己在對方眼裡就一文不值，害怕

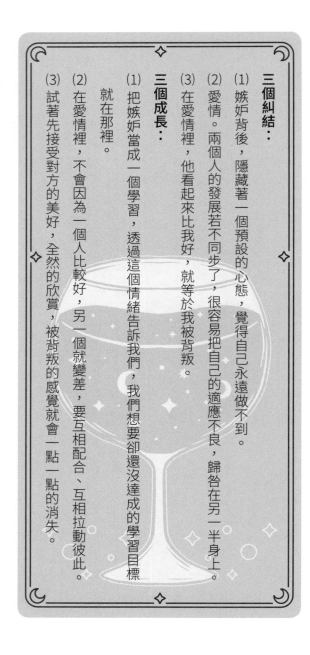

對方更好之後，自己會被丟下。所以，心裡面會不自覺有一個小小的聲音：「你不要那麼好，我怕我跟不上你的腳步，我寧願你差一點，這樣，你就不會離開我」。

回顧雅筑的故事，她是不是在選交往對象的時候，就刻意去選比自己理想人選標準再低一點的人呢？這也是爲什麼，她的表現和交往過對象的表現之間，有一個看不見的隔閡和鴻溝——他們的人品和道德感不在同一個價值觀體系中。這部分的潛意識作用藏的比較深，雅筑需要花點時間去釐清和消化。

太想愛，抓太緊，眼睛一直盯著對方，卻忘記看看自己。雅筑後來明白，有疑問就問，有想法就講。既然兩個人以後有機會要相處幾十年，不去坦誠相待，而是諜對諜，相愛的假象能維持多久呢？

好好經營愛情的基礎是好好經營自己，一步一步的努力，不嫉妒、不自卑，了解自己的位置、認可自己的狀態。用這樣的心態生活，就容易吸引價值觀相近的人。必要時邀請對方支持、拉拔一下想要跟他同步的自己。如果這個人愛妳，他會很樂意幫助你、支持你、包容你、尊重你、接受原本的你。

Story 16 金星巨蟹座

走下去：該不該離開

期待越高，跌得越重。越經歷越要提醒自己，不要想那麼多，順其自然就好。但是，愛情是隻狡猾的兔子，你越是想拉住自己，心就越會往反方向走。當你越想著不要在乎，心裡的魔就會趁虛膨脹。

他是一個奇妙的組合。壯碩的身體和細膩的個性碰撞在一起，拼湊出一張陽光純真的臉。心琳去年年底給自己的生日禮物是一張健身卡。原因很簡單，她單純想要暫時逃離開孩子們的俏皮、工作的壓力，還有老公外派的寂寞。讓自己動一動，發洩心裡淤積的情緒，應該是好的。

以前心琳只知道跑步、跳繩這些基本的運動，在她年輕的時候也沒什麼健身的觀念。身爲公司的負責人，一向大方果斷的她，現在來健身房居然有一絲害怕。如果說辦公室是她一手掌握的天下，那健身房應該就是年輕人的主場。一個中年阿姨來健身房，有一種單挑年輕人、不服老的火藥味。

「姊姊，妳哪裡老！看起來就像二十五歲！」心琳的這位教練說起話來溫柔又有力，臉上的兩個酒窩隨著他的笑容舒展開來。最有趣的是他的眼睛，裡面好像藏了王爾德筆下快樂王子的寶石，特別是在他盯著妳看的時候，裡面的寶石流光溢彩，像是會說話。

本來打算每週去健身兩次，在教練的鼓勵下，心琳每週都會來四次。運動後的感覺確實很不一樣。流汗之後，身體雖然酸痛沉重，但感覺內臟的循環清爽很多，心裡也有一種清明而灑脫的感覺。總的來說，就是感覺整個人年輕有活力不少。而且，運動的時候，什麼孩子的教育、工作的業績、老公的行程……那些庸人自擾的胡思亂想全部都被清除到思緒之外，活在當下，關注自己，這種感覺太好了！

「應該是教練很帥，所以讓妳回春了吧！」閨蜜一邊沏茶一遍打趣嘲弄她。

「回春也要有資本啊，我是人妻、兩個小孩的老媽子，哪還有那種心思。」

「幹嘛這麼認真？好像在面試一樣，看樣子是有嘍！」閨蜜講話越來越不正經，「看看帥哥又沒什麼，妳老公跑那麼遠，說妳擔心他外遇，他應該擔心自己漂亮又有能力老婆被帶走吧！」

老實說，心琳確實覺得很寂寞。工作一整天，回到家繼續忙孩子、忙家務，沒有老公的肩膀可以靠一靠，尤其在夜深人靜的時候，這種陀螺般的生活眞的很不是滋味。而且兩個孩子現在要升國小高年級，超級會吵架，也有了自己的想法，要跟著兩個傢伙討溫暖眞是別想了。每天一睜眼，就有各種問題等著她去解決。心琳覺得自己累得快扛不住了。自從開始健身，她慢慢感覺這一切開始好轉。她開始期待上健身房，期待從健身房出來變得清爽的那一刻。她本來覺得，是運動讓她的心更強韌。但經過閨蜜的提醒，心琳心裡突然有點慌了。是嗎？這段時間的改變，是因爲教練？

從閨蜜那裡回來後，心琳開始非常謹愼地觀察自己。早上醒來，她照習慣把一天要做的事想一次。她發現，當她想到健身的時候，心裡好像有隻蝴蝶飛過。蝴蝶的翅膀雖然只輕微攪動一下心裡的氣流，但這樣的微弱變化，還是被她捕捉到了。早上送孩子們上學，然後再去上班。路上，她刻意把自己的背挺直一點。教練提醒過，日常的姿勢不良對肌肉的影響很大。這時候她的腦海裡浮出教練亮晶晶的眼睛。心琳趕快搖晃一下自己的頭，提醒自己開車專心一點。最近的工作實在是太難推行。自從疫情爆發，海外的客戶訂單目前都在暫停的狀態。大家都是第一次遇到這種封城的狀況，誰也不敢輕舉妄動。「再忍耐一下，最後的這幾下才是是最重要的訓練肌耐力的時候！」教練的聲音又出現。她感覺有點暈眩，趕快站起來走動一下，給自己倒一杯水一飲而盡。

果然！還是閨蜜了解自己！好像是眞的！她覺得自己好像回到十幾歲第一次心裡蠢蠢欲動的年紀。那時候她暗戀上隔壁班的籃球隊長，又只敢放在心裡，不敢跟任何一個人說。這種感覺甜蜜又不敢碰觸，和她現在的感覺一模一樣。她超級害怕旁邊的人發現自己的這一點點小心思。尤其是當事人，絕對不能讓他知道！

完蛋了！心琳知道自己是精神出軌了，而且心裡還有點期待和享受這種感覺，她覺得自己也太誇張！每次運動的時候，多看一眼教練，都能讓她開心好久。她極力克制自己去想這些，但是就是阻止不了。戰勝不了，就面對。這是她一貫的行事作風。索性，她直接約教練一起喝咖啡。看看會發生什麼。沒想到，約喝咖啡的結果就是，心琳這半年來堆砌的幻想全部破滅了。

教練原本爽快的答應了她。但他需要打給女友報備行程。他說女友愛吃醋，如果被其他認識的教練看到告訴女友，容易讓女友誤會。心琳覺得這樣也好，他們之間本來就沒什麼。結果，講完電話後，教練抓著頭髮跟她道歉：「不好意思，我女友說不行。她看過妳的照片，說妳很漂亮、很有氣質。我和妳喝咖啡聊天，她會沒安全感。眞的是不好意思啊！我明天買咖啡請妳喝好不好？」

「我太佩服妳了！」閨蜜聽了心琳的抱怨，笑地東倒西歪，「也就是妳這種什麼都不怕的女漢子才能做出這種事！怎麼樣？覺得好點嗎？」

「嗯，當下蠻尷尬的，回家難受了一個晚上，覺得自己太荒唐，又覺得教練的戀愛也談得太沒自尊了。」心琳伸了個懶腰，她昨晚確實是沒睡好，「不過，到了後半夜，我在翻以前跟我老公談戀愛時候的照片，我突然有種如釋重負感覺。要是我老公跟我說，他的美女客戶要跟他喝咖啡，我那時候應該也會很不安吧！還好沒約成！太可怕了！」

寂寞的時候遇到一個很棒的男孩，他們之間什麼也沒發生。心琳覺得老天安排的這一切眞好！今晚一定能睡個好覺。

關鍵詞：走下去

單戀、暗戀，可以興致高昂，

好像很輕易就可以喜歡上一個人。

眞的要去告白，反而會忐忑不安。

萬一眞的在一起，吵架了怎麼辦？

萬一被拒絕，自己該怎麼辦？

單戀、暗戀是確定的，一個人就可以完成。

相愛是不確定的，能不能相知相守，要看兩個人的心。
愛要走下去，
濃烈的感情和平淡的生活都要經歷。
濃烈的感情是一種考驗，
考驗你能不能分辨什麼人適合自己，
也考驗你能不能抵抗誘惑。
平淡的生活更是一種考驗，
習慣對方的存在，
那些當初欣賞的部分已不再閃耀，
你還能去真心真意關心他、支持他、愛他嗎？
愛情，
要開始和結束都不難，是一種選擇；
要持續經營、專一走下去，不容易，是一種智慧。

星座與愛情：

金星巨蟹溫柔、浪漫、富有同情心。在愛情裡，金星巨蟹有點自卑、軟弱和黏人。這一面的他是不會輕易拿出來示人的，他隨時帶著一個透明的過濾網，只要覺得危險、不安全，就會把過濾網打開，躲在裡面「避難」。外面的有趣和傷害都跟他無關。

念舊、單戀、愛情長跑都是金星巨蟹會挑選的愛情劇本。他喜歡照顧人，也有一點點自戀。他的愛很及時，溫暖又風趣。但他躲的也很快速。不安、焦慮、不滿的情緒常常會找上門。

金星巨蟹戀愛前和戀愛後被認爲是反差最大的。曖昧的時候，他比較溫和、有趣、積極主動，戀愛之後，他比較自我、冷淡，還有點懶散。他在戀愛中，也沒有什麼原則。有時候會跟別人走得太近，會導致另一半沒有安全感。不過，以上這些感受是來自於大家把金星巨蟹看得太完美、太理想化，才會有這樣的落差感。期待越高，失望越大。金星巨蟹的口碑實在是太好了，被大家繪聲繪影傳爲「最佳伴侶代表」，才會有這樣的誤會產生。只能說溫和照顧人的個性表像之下，金星巨蟹也是有自己的脆弱、無助和情緒黑洞的時候。他也需要被安撫和寵愛。

愛情送分題：金星巨蟹外表柔軟、內心堅韌。他默默付出不求回報，善解人意，也風趣幽默。喜歡溫柔的人，可以看過來喔！

給金星巨蟹的建議：金星巨蟹擅長各種心理活動，簡直就是小劇場的最佳編劇。金星巨蟹不管是男生還是女生，本身就已經是情意綿綿、柔情似水的個性。一個眼神、舉手投足，都是「訴衷腸」的氣場，他隨時都在內心戲，隨時都有內心的翻動。當金星巨蟹陷入多愁善感的時候，很容易讓人覺得有距離。

過於感性的他，有點溫柔、有點敏感，身邊的人會不知道該怎麼和他互動，才不會無意間冒犯到他。

故事裡心琳就是金星巨蟹。老公長期不在家，讓工作和生活本來平衡的很好的她開始心力交瘁。她的敏感、脆弱和無助感，在這個時候特別的嚴重。健身確實對心理脆弱的人來說，是一個很好的方法，透過流汗代謝，幫助身體的自律神經回復正常運作。教練的陽光和活力，是心琳那個時候最需要的，因此她情不自禁喜歡上教練。好在她的姐妹開朗大方又了解她，點醒了她。而教練也是懂得用委婉的方式，讓心琳恢復清醒。

一切在最好的時候智慧地嘎然而止。讓險些婚內精神出軌的故事昇華成美好的回憶。心琳是明智的。她知道自己的處境，也懂得珍惜自己目前擁有的幸福。在寂寞與激情之際，選擇了忠誠。

這裡要注意的是，金星巨蟹外溫內騷，一旦動情，除了溫馨、溫暖，更會有乾柴烈火的可能。戀愛中的金星巨蟹也容易想東想西。前一秒幸福滿滿，後一秒又陷入情傷。他的心情有時候就像在坐雲霄飛車，太多不確定性，會讓身邊的人感覺情感疲乏。建議金星巨蟹，情緒可以抒發，也要適度喊停，不要讓自己停留在不安的泥潭裡無法自拔。學會覺知情緒、轉換情緒，就可以愛得輕鬆一些。

三個糾結：

(1)成為伴侶，有了欣賞和陪伴，還要能喚起對方的愛。

(2)要走下去，只維繫承諾還是遠遠不夠的。

(3)宿命的愛情觀，很容易缺乏活力。

三個成長：

(1)建立一份關係，要了解對方，也要給對方了解自己的機會。

(2)經營一段感情，能持續加溫保持愛的溫度才是重點。

(3)如果決定放手，接下來就要把注意力拉回到自己的身上，先來愛自己。

故事的後面：

智慧是無數次成長和跨越的累積，是讓感情走下去的關鍵。離開舊的情感模式，把心裡的恐懼、隔閡、受害者情結、匱乏、控制、貪婪縮小在極可能小的範圍。鼓勵自己走向全新的情感模式：思覺清晰、定慧平衡。在感情中刻意營造坦誠、溫暖、包容、穩定的氛圍，愛情就可以被很好的經營。

我們很容易在脆弱的時候討厭當下的自己、當下的關係。在找不到出口的時候，不夠完美的自己和關係便成爲代罪羔羊。這時候，如果可以，翻出美好的過去來回憶一下，我們就能拼出一個帶著濾鏡的自己，清點以前的種種好，小小滿足現在無奈之下的虛榮心。

疲累無解也要走下去？糾結、無奈、焦慮要平心靜氣的接受，開心、興奮、新鮮要平心靜氣的放下。恭喜你！你已經擁有了智慧！

當故事裡的心琳了解到，雖然老公出差不在家，會讓她感覺到孤單。但是她也可以試著告訴自己：「我也可以給予自己充實和快樂。我並不是只有依附著老公才能感受到充實和快樂。」當她體會到，夫妻總有一個階段，是需要各自把各自的功課做好。只要還想要這份愛、這個家，就必須重新審視自己的狀況，用新的方式去生活。

孤獨會把日常和意識打碎，把我們拉回到渴望的原點。原生個性的空缺會在這個時候讓人感覺不安。「先保持自我特質，再回到原點去修正」，掌握這個關鍵，繼續走下去的人生會更完整。

Story 17

金星獅子座

意義：後悔了，回得去嗎？

永遠不要把甜言蜜語當眞，就像永遠不要把吵架的氣話當眞。人就是一種誇張又實際的動物。誇張的時候，什麼話都可以講：開心的話叫人成仙、煩躁的話叫人入地。等拉回來需要面對現實的時候，又可以馬上變臉，不當仙也不當魔。該討好的討好、該面對的面對。

透過同事在線上的介紹，認識了他。

珍珍本來很排斥相親這種事。不是害怕自己一頭爆炸頭和容易引人側目的鼻環會把男生嚇得退避三尺。她單純覺得，相親這種事夾雜了太多功利心。什麼學歷、身高、薪水、家庭，一切都能弄出個標準來衡量評比。這種感情，從一開始就一點誠意都沒有。如果說這些條件就是誠意的話，那也只剩下秤斤論兩的買賣交易可以談了，她覺得這樣眞的很沒意思。

就這樣，珍珍對相親一直保持著排斥態度，直到同事拿出他的ＩＧ。他給珍珍的感覺很好：眼睛清澈、皮膚泛出光澤，一看就是愛運動的人。他是同事在美國出差的時候認識的朋友的朋友，一位喜歡玩滑板的拉丁裔美國人。同事極力補充：「我可不是要給妳相親！是他看到我在滑妳的ＩＧ，一直問我妳是誰。他想要認識妳，我才問妳的喔！」

於是，珍珍通過了他的ＩＧ邀請。因爲距離，珍珍只把他當朋友看。沒有什麼一定要談戀愛的想法。而且兩個人也沒辦法見面，最好不要瞎忙，珍珍常常提醒自己清醒一點。只不過，這個大男孩實在是太迷人了。他會把一整天遇到的事，說得有聲有色，總讓她聽得津津有味。他也會發現今天的她是開心還是不開心，關心她的心情。漸漸地，他們從一開始聊幾句話，變成只要有時間就互傳訊息。現在，每天晚上他們還會開視訊，隔著電腦互相陪伴。

這段時間，他給珍珍帶來很穩定的感覺，好像他們已經認識了很久。年底，珍珍特意安排去紐約出差，她想要去紐約跟他正式見面。只是，雖然出差的事已經安排下去，但她始終沒有勇氣跟他說。珍珍怕自己只是單方面的認眞，他也只是想交個朋友，最後弄得熱臉貼冷屁股，那她連這個朋友都沒了。

這幾天珍珍變得有點憂鬱，被他發現了。他很想知道，她發生什麼事。珍珍只好坦白，自己安排行程去紐約出差的事！

「太好了！妳不打算告訴我嗎？妳不想跟我見面嗎？」他的眼睛睜得大大的，開心得手舞足蹈。

「我怕你覺得有壓力。」珍珍如實說出自己的想法。

「天啊！原來妳在擔心這個。我很開心，我沒有壓力，歡迎妳來紐約出差，我也很期待，妳有時間的話可以一起見面。」他很認眞的看著珍珍。

「是嗎？你為什麼期待跟我見面呢？」她還是忍不住問了。

「我們每天在傳訊息、視訊，我當然更想要看到眞實的妳啊！」他的回答珍珍不太滿意。同時，珍珍覺得自己變成一個幽怨的小姐，那個不在乎別人眼光、自由又灑脫的自己好像不見了。

這次到紐約，珍珍心裡很忐忑。因為每年會來出差一次，珍珍對工作倒是一點不太擔心。她比較擔心自己和他見面後，自己可能會變得越來越失落，最後沒辦法專心工作。比如說，現在，他明明知道自己這個航班、這個時間點到機場，但他並沒有要來接自己的意思。簡單一句：「歡迎來紐約。」就說今天工作忙，晚上再訊息她。

是不是這就是傳說中的「見光死」呢？珍珍找到來接她的公司車，上車前還在外面張望了一番。沒有，他確實不是要給自己驚喜，所以才傳這樣的訊息的。他眞的沒有來……

紐約的晚上比白天還璀璨耀眼。失望一整天，珍珍走在回飯店的路上，覺得有點落寞孤單。

這就是當初自己害怕的。一切都是泡沫，都是自己的幻想。果然，太久沒談戀愛，戀愛智商太低了。他們互相聊過彼此過去的感情。他應該明白，自己最怕的就是一個人單方面的付出。她覺得他沒有把自己放在心上。一路上，珍珍越想越生氣。

剛回到飯店，就接到他的視訊。

「哇！妳終於還是來了！歡迎妳來紐約。我晚點跟朋友有約。明天是週末，我去找妳好嗎？」他像小孩子一樣的興奮。

珍珍沒有回答，她不知道自己還要不要去。

「妳在生氣嗎？」他一臉錯愕，「不要誤會我。我不是不想見妳的意思。我沒有安排今天的時間見妳，都是我的錯。」

珍珍覺得，他們還沒見過面，也沒有承諾過對方什麼，自己這樣有點太矯情。她還是勉強擠出笑容：「沒事，時差讓我覺得有點累，我先休息，明天早上我們再約碰面時間。」這個完美的退場台階不錯，珍珍希望自己不要流露太多失望的表情。

第二天，她沒有接他的電話，也沒有讀他的訊息。珍珍約了同事去逛街，不想再面對這些抓不到的泡泡。與其在感情裡交涉這些不情不願的安全感問題，不如一個人還比較快樂。沒有談戀愛的女人，一樣可以活得開心。沒有期待就沒有傷害。

在紐約出差這一週，珍珍盡情享受著節日的氛圍。同事們好久沒見面，超級熱情地招待她。以至於她以爲自己忘了這個拉丁裔的男孩。

一個人拖著行李，走進清晨的甘迺迪國際機場，當她把自己融入到這群旅客中時，她想他了。她打開手機，想看看他還有沒有傳訊息來。

最後一條訊息顯示：「我現在在機場，妳現在在哪？」

關鍵詞：意義

你覺得愛情的意義是什麼？
談愛，
可以不需要什麼道理，
也可以非常講究意義。
意義是一個詭譎的詞，
它沒有存在的必要，
但有時候心確實需要被它說服。

意義，
可以很感性，也可以很理性。
當怦然心動、奮不顧身，
感覺，就是愛的意義。
當拒絕誘惑、心意堅定，
信念，就是愛的意義。
意義是一種說服力，
讓兩個不同的人願意走到一起。

星座與愛情：

金星獅子喜歡成為焦點。故事裡珍珍的一頭爆炸頭和炫酷的鼻環就是這麼的讓人眼前一亮。金星獅子有標準的以退為進、欲拒還迎的魅力。他喜歡吸引人的注意力，也喜歡因為成全別人而獲得灑脫自由。

金星獅子，自帶一種威風凜凜的氣質，他的慷慨大方也獲得不少好口碑，使得人人佩服。

不過，在愛情裡，金星獅子也很在乎自己所愛之人的心情。一頭意氣奮發的金星獅子遇到另一半會馬上收起得意，變成溫暖又有肩膀的大貓。他個性積極大方，除非天大的事和自己所愛之人的事，否則他幾乎都沒在怕。他覺得自己有保護愛情的責任，他愛的人更是他的責任。和他相處，不適合用哄的和勸的，只要懂得肯定他的付出、他的好，金星獅子就已經可以心滿意足。

金星獅子座信奉：人在江湖走，必須學會忍。當然他知道，忍字心頭一把刀，會很痛。但如果不忍，被別人看穿自己的脆弱和無能，對他來說就是要了他的命！所以，金星獅子也不是無堅不摧，不會脆弱寂寞。他心裡都有不少的祕密，這些祕密裡面爬滿各種憎恨、怨懟、委屈、苦悶、任性。但這對他來說也沒什麼，只要把這些情緒藏好，他一樣可以驕傲的做自己。

愛情送分題：金星獅子慷慨熱情、獨立又黏人，是人群中的焦點，也願意支持他愛的人達成夢想。金星獅子容易讓伴侶感受到與有榮焉的自豪。

給金星獅子的建議：金星獅子臉上平常就明白寫著：只要能讓我有面子，我做什麼都可以！有時候他聽不得眞心話，總願意被抬高身價，這一點，確實就是金星獅子的軟肋！

這個社會有現實的一面。尤其是生意場，不是看名就是看利益。你是什麼身分、有什麼聲量、背後有什麼資源、配備什麼行頭，都可能是獲得機會的理由。在這麼現實的世界裡，做面子，成了普遍現象。面子做得好，就能變成品牌、名人、專業；面子做得不好，就算你很有實力，也很有可能乏人問津。因爲這個社會再也不是「酒香不怕巷子深」的世界。你的好要盡量讓大家知道，你的不好也要盡量學會隱藏。所以，金星獅子愛面子，完全可以理直氣壯。

不過，要注意的是，人心叵測是尋常。在利益權衡之下，靠面子混世，就算有實力，也容易沒朋友。畢竟面子工程就是一場「官場現形記」，人情冷暖體驗過後，就能了解這個社會世態炎涼的一面。

故事裡的珍珍，因爲男生沒有來接機，也沒有在她到紐約的第一天出現。她不管男生是不是行程早已排好，因爲男生沒有及時表達對她的重視，她驕傲的玻璃心就全碎了。珍珍也不是故意想自導自演「宮鬥劇」。她去紐約出差本意是想要把工作和感情都照顧好，也很照顧男生，因爲她趁著出差的機會去紐約和男生見面，對大家來說都是方便。結果，男生沒有及時表現殷勤，讓珍珍越想心越涼，越想越害怕，總覺得自己把什麼都拿出去給別人，不藏私，就很有可能被利用。與其有被欺騙感情的可能，不如自己不要太認眞，這樣能避免受傷。

在愛情裡，溝通永遠比面子重要。眞心眞意的互動比表面的排場更實在。金星獅子要特別提醒自己這一點。

三個糾結：

(1) 追求完美的人異於常人。當我們愛上一個追求完美的人，很容易分不清自己是感性的還是理性的。

(2) 心裡有愛卻不說出來，也不創造機會，這種愛會很難。

(3) 兩個人在不同空間、不同頻率，只談意義不談愛很難繼續下去。

三個成長：

(1) 愛，不僅要大聲說出來，如果有所動作，要讓對方感受自己的心意。

(2) 愛情是一件很自然的事，當緣分來了，你得接住，還要能產生聯結，這個連接就是溝通。一定要創造一個誘因去催化愛情的連接，美好的路人，要上前跟對方打招呼，才有機會讓對方為你駐足。

(3) 談情說愛膩了嗎？找個共同目標也是很有意義的。

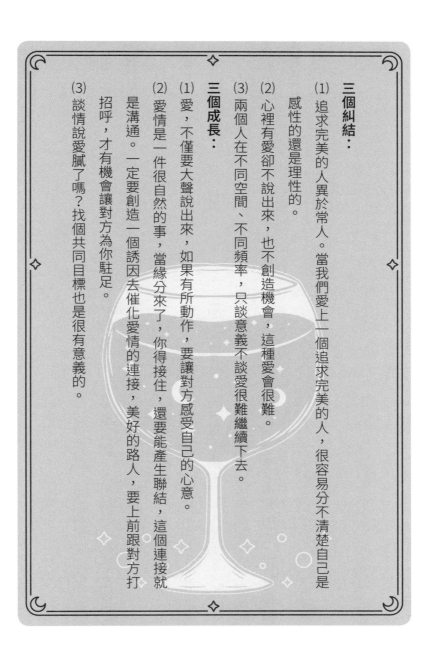

故事的後面：

在故事，珍珍期待純粹不變的愛。她用承諾和責任去表現自己的愛，也期待男生能感受到她的篤定和付出。但是，愛情除了自我表現和互動，更多的是需要兩個人之間情感的連接。如果能仔細體會對方的心，這樣的愛裡包含理解和善意，比較不會造成不必要的摩擦和誤會。

每個人都想知道適合自己的愛會是什麼樣子。如果願意坦露和承認自己情感方面的需要，就有機會達成心靈的相通，讓兩個不同的人有機會可以共享同一種愛情觀。因爲有你在，我想要愛的意義才會出現。不要因爲自己的不安，而陷入「戰或逃」的思維陷阱中。

記住自己享受過的快樂、記住對方給過的付出、記住兩個人之間有過的默契和配合。雖然恐懼能幫助你逃離危險，但快樂才能讓你更加強大。愛情可以讓我們成長爲更好的人，這是愛情最終的意義。

Story 18 金星處女座

自信：重新去愛

相信一見鍾情的人，是相信自己瞬間的判斷，還是相信上天安排的奇蹟？感情的誘發，有多少是自己可以控制的？費洛蒙、荷爾蒙……這些不能被理性控制的內分泌產物，默默把人牽進一個閉合的迴圈。就像馬戲團的動物，如果功課做不好，就要被一直訓練下去。人在某種程度上來說，就是愛情馬戲團裡的動物，如果在愛裡不能做自己，就只能等著被擺布。

這個三月，雨神比春神搶先造訪。連綿不絕的雨下了一個多星期，把小凡的心淋得溼漉漉的。活了二十五年，她覺得自己遇到一個很愛的人，人生第一次有這樣的體驗。小凡本來應該很開心，但她開心不起來。因爲她不知道，他到底愛不愛自己。

小凡的上一段戀情持續了六年。可以說，他們是一起長大的。也就因爲這樣，前任給自己的感覺實在是太不可靠。什麼事都是媽媽說了算，學業和工作上都沒有上進心。雖然他對自己很貼心，很多生活上的瑣事都是他幫忙打理的，比如說洗衣服、折被子、燙衣服、買三餐。但是一個前途未卜，一心只想靠著家裡的遺產過活的男生，怎麼能給女生安全感呢？而且就當自己苦口婆心勸了他幾年後，他竟然就劈腿了！而且劈腿的理由義正嚴詞：「妳給我太多壓力，覺得我不上進、不夠有能力，每天跟我媽一樣嘮叨讓我喘不過氣來。我需要一個崇拜我的女生。」小凡聽了哭笑不得，丟下一句：「要崇拜，好啊！你也要有被我崇拜的地方啊！可是抱歉，我找不到！」然後就走了。

其實小凡還沒跟前任對峙之前，她已經覺得非常疲憊。每天感覺自己像老媽子一樣，怕東怕西，還很囉嗦，完全沒有正常二十五歲女生該有的年輕活力。她只能藉由工作麻痺自己。在她最脆弱的時候，她的客戶全部看在眼裡，他們的聯絡開始變得頻繁。

其實小凡已經和這位客戶朋友認識兩年多。開始頻繁聯絡後，小凡發現他是一個非常上進的男生。雖然他的工作需要到很多地方出差，但是爲了來陪她，他甘願每週這樣飛來飛去。每次來見她，都帶著各種出差時候買的小禮物。這段時間，他的存在，讓小凡心情變得好很多。這讓她思考，自己是不是要跟這位媽寶男友分手。就算自己沒有和現在這位客戶在一起，也很顯然，媽寶男並不是她的擇偶選項。

就當小凡正在思考自己該怎麼跟媽寶男友提分手的時候，他劈腿了。分手之後，難過至極的小凡，本來想著等這位客戶朋友出差回來，聽聽他的意見。結果，比他先到的，是這位客戶的現任女友的 email。

這對小凡來說，無疑雪上加霜。被前任劈腿的傷心還沒好，又被客戶所謂的女友找上門。到底要不要這麼戲劇化！又不是在拍偶像劇！小凡除了傷心就是錯愕。原本還以為，至少有個「藍顏知己」可以聊聊天。誰知道，人家已經金屋藏嬌了一個女朋友，自己還被傻傻蒙在鼓裡，想著要訴衷腸。

隔天，小凡還是把他女朋友寫 email 宣示主權的事告訴他，提醒他好好處理，不要讓女朋友誤會自己是小三。小凡不想要一個媽寶男，更不想要一個朝三暮四的假暖男。隔了半天他回了訊息，訊息裡他寫得很清楚：「我們已經分手了，只是她現在又後悔不願意分。我詢問之後發現，她給每一個跟我有頻繁聯絡的女客戶都發了一封信，不是只有妳。等我回來好好跟妳解釋，我馬上就買機票。要相信我！」

晚上小凡下班後，如約來到餐廳。遠遠看到他在餐廳門口焦急地來回踱步。他高大、英俊，氣質中有一股用不完的朝氣，眼神裡帶有一點點的孤傲感，會讓人想要照顧他。他看到小凡，跑過來一把抱住她：「我喜歡的是妳。我已經和她分手了。我不會和她復合。我喜歡妳很久了！那天聽妳說跟男朋友分手，我不知道有多開心！真的，我喜歡的是妳！」小凡任由他把自己抱得緊緊的。她感覺自己心跳得很快，對他的表白也完全不感到意外。雖然這一切的轉變非常的迅速。但她很清楚，自己也喜歡他。

就這樣，被前任劈腿然後分手的痛苦期沒痛苦幾天，小凡很快就進入另一段戀情的甜蜜期。他一樣每次出差後，都會給她帶當地的小禮物。週末和假日，他們有時候也會一起飛去臨近的城市度假。這才是我想要的生活！小凡對這個新男友很滿意：認識三年，交往半年，兩個人在工作上都很努力，各自都有自己的舞台，想搭飛機去一趟說走就走的旅行也不用想經濟狀況。嗯！生活就應該這樣美好！努力、上進、享受人生！

跨年後上班的第一天，小凡帶著剛度假回來的滿滿能量準備迎接新一年的工作挑戰。又一封email讓她很久無法回神。又是前女友！這個名字她看一眼就能牢牢記在心裡。帶著忐忑不安的心情，小凡打開email，裡面的內容讓她吃驚。前女友寄來男友公司今年的公司往來帳目，這是農曆年底前的例行性財務清算。小凡是被群發的工作人員之一，但她並不是財務部的。所以，這位前女友顯然目的很明確——她要宣示主權，讓她知難而退。原來他們還是開「夫妻公司」的合夥人啊！小凡的心「轟」一下，被這封信炸裂。

一向深思熟慮的小凡，什麼都沒想立刻打給他大吵：「不是說已經分手了？我怎麼不知道你們還在一起經營公司呢？」小凡不知道電話那頭的他在說什麼，她的心很亂，什麼都聽不進去。這半年來的甜蜜歷歷在目，一直在她腦中出現：跨年度假的時候他還擔心她不夠愛他，結果收到禮物後開心的跟大男孩一樣；他鄭重把她介紹給他父母，雖然好像跟他們之間有點隔閡，但想在一起的決心已經向他父母表明的很清楚；他說等他明年存夠了錢就買個大房子，房子的一半放她的名字……

雖然一切好像看起來都很好，但，這位前女友，現任公司掌握財務大權的合夥人的存在，要怎麼解釋呢？萬一他是說一套、做一套呢？到底哪句話可以相信？哪個行為不能相信呢？

第一次愛上一個人，才知道，愛是件這麼累人的事。小凡猜不透，不知道他到底愛不愛自己……

關鍵詞：自信

自信，

不一定保證能得到好的愛情，

但可以保證能愛得健康。

不自信的人，可能會得到憐惜、關愛，讓英雄角色有機會發揮。
但，自信的人，知道什麼時候付出、什麼時候撒嬌，互相尊重和支持才是重點。
在工作中自信的人，在愛情裡不一定自信。
工作中的自信，跟專業有關，
感情中的自信，跟內心強韌度有關。
自信，
不是不需要疼愛的強大，
而是懂得不要過度依賴、保持成長的獨立。
不自信的時候，試著獨立，
自信的時候，試著柔軟，
愛情就會靠近。

星座與愛情：

金星處女座最可愛的地方，就是他的細心和溫和。溫柔地照顧你、帥氣地罩著你，還不讓你覺得欠他的，整個就是天使化身，讓人想要黏著抱大腿。

金星處女座平常還蠻矜持的，尤其是他跟你不熟的時候，他會把兩個人的距離保持到恰到好處。必須說處女座平常還是蠻膽小的，因爲他習慣去看細節，比如說對方的言行舉止、衣著裝扮、指甲鞋子、面部表情，對他來說，這些都能窺探出一個人心裡眞正的想法。金星處女的辨別力是奈米科技級別的強。

當然，每天活在這些生活和情緒的細節裡面，金星處女雖然可以借此建立心裡想要的安全感，但也會讓他常常感覺到疲累。他會常常質疑自己的個性：我幹嘛要這麼小心翼翼呢？大剌剌的去過生活不好嗎？不過天性難改，與其自我質疑，不如尋找舒壓放鬆的方法。

朋友、微醺、愛情，都是可以讓金星處女解除壓力的好方法。但金星處女想要找的人，是完美又不失溫度的人。致使絕大多數緣分都會被他淘汰掉。想讓金星處女座心動，就像要求一尊完美雕像變成大活人一樣難。愛分析、愛較眞，也基本沒有什麼情調。對金星處女座來說，心動是少不更事的橋段，成熟的人怎麼可能那麼「膚淺」？當然，他這麼極端也是有跡可循的。因爲他知道，一旦自己眞的動心，就會飛蛾撲火、覆水難收。在這個嘈雜混亂的世界，拿出眞心是要付出慘痛代價的。這是金星處女沒有安全感的眞正原因。不過讓金星處女座心動，也比想像中簡單：了解他的原則、獨立又懂情趣就有機會喔！

愛情送分題：金星處女理性、注重細節，心境健全不偏頗，態度溫和又低調。說到賢德又有力量，金星處女是不可多得的人選喔！

給金星處女的建議：在愛情裡，金星處女是別人的天使，情人的剋星！他對伴侶的照顧，多屬於「刀子嘴豆腐心」的照顧。話多、嘴利、心腸好，也沒想要得到回報。他以為自己選擇的是默默付出不邀功，都是為了對方好。但總會得到另一半不理解的回應，不願意接受他的好心，讓他受傷不已。一來二去，金星處女的細心、貼心、關心，很有可能在日常的瑣碎中變調，變成囉嗦、多管閒事、想太多。金星處女越細心、越追求完美，辨別力就越強。潔癖遍布在他的大小原則裡，讓人很有壓力。

這裡要注意的是，沒有人想要被唸，唸多了會變成一種苛刻。金星處女照顧伴侶時，要特別注意拿捏尺度，好適可而止，不要因為過分的干涉變成一種控制。

故事裡，小凡對前男友就是過於擔心和照顧，沒有拿捏好兩個人互相尊重的邊界，也在過度照顧中，無形中妨礙了前男友的獨立成長。使得兩個人的愛情關係，演化成照顧者和被照顧者的關係。這之中有小凡對前男友的過度寵溺，也有小凡因為無微不至付出而變成對前男友進行隱形控制的傾向。這是導致小凡付出不被珍惜，前男友任性劈腿的原因。

後來小凡的戀愛中，因為分手後，小凡沒有沉澱，去反思上一段戀情中出現的問題。在很快接受新的戀情後，無意識中，為了撫平前一段感情帶來的情傷，又變成過度依賴，失去判斷力。

這也是導致她沒有（也不敢）面對和現在男友的關係中尚待釐清問題的原因。

建議金星處女要放下自己的驕傲。原則是自己的，再完美也不能強加於人。而自己的脆弱和情感疲乏，金星處女也不能忽略。在理性思考、解析的同時，也要在感性面多了解和體貼自己。

三個糾結：

(1) 當自己不能接納自己的時候，會希望身邊人能接納自己，但這樣子兩個人都很辛苦。

(2) 只是簡單的喜歡自己，還說不上是真正的自信。

(3) 兩個人在一起，只講自己的自信，容易失去互信的信任。

三個成長：

(1) 自信，是一種從心而發的自我接納。

(2) 接納自己與對方真實的樣貌，互相尊重，關係才能長久。

(3) 建立信任感，是愛情裡自信的樣子。

故事的後面：

之前看過電影明星喬治克隆尼的太太阿瑪爾．克魯尼的演說，她對自己的先生讚譽有加。她特別提到，她的先生是值得大家敬佩的人。她分享記者朋友給先生的來信，還當場詳細分享信中記者提到喬治克隆尼的部分：「你既懷有獨特的個性，也富於品質風度，同時你還有那般讓人敬佩、堪稱瘋狂的勇氣，無需事先知曉泳池裡有沒有誰，你都有勇氣從高台跳下。」她隨即附上三個眞實的例子，一次是在零下四十幾度的環境裡，喬治克隆尼不願意穿上工作人員特別爲他準備的保暖外套，就是爲了讓所有的工作人員都確保能拿到保暖的衣服。一次是他再怎麼忙碌，都會花固定的時間去陪伴療養院的一位很需要他的老人，因爲他們有過一樣的病痛。還有一次，他邀請他的十三位好友去家裡吃晚餐，然後每一位朋友都拿到了一個裝著一百萬美元現金的皮箱。

阿瑪爾告訴大家，她不僅欽佩於先生的的成就，也欽佩先生的人格魅力。

這是一個自信的女人，自信地跟大家分享，自己所愛的男人是多麼美好的眞實案例。阿瑪爾在演說中，透露了她平日的觀察和判斷，也透露了她是多麼積極熱情的回應自己的觀察和判斷。這就是愛的智慧。

故事裡小凡因爲療情傷而過度變得依賴，就失去了自己天性本有的判斷力，以至於她不想、也不敢去碰觸她和現在男友中間還沒有處理好的問題。

當小凡了解到自己在感情中不夠獨立的部分，她開始把更多精力放在自己身上。和自己對話，反思過去戀情顯現出來的問題和帶來傷害，也盡量讓自己獨立承擔情傷帶來的情緒，不要因爲過度依賴新戀情而導致自己的判斷失準，反而失去自己正當應得的權利。

了解自己、接納自己，才是自信的根源。帶著這樣的自信，面對愛的時候，才能放鬆的享受愛情。

Story 19 金星天秤座

佔有慾：感情與生活圈

年紀大了說的話自然語重深長。奧地利猶太裔作家Stefan Zweig曾感慨：「人年輕的時候以為疾病和死神只會光顧別人。」因為經歷的多，也就有了「隨順」的覺悟。但，人生的智慧是時間的餽贈。正值青年的人還嗅不到時間的味道。

回看十七歲的自己，曉雯現在都覺得像一場夢。

遇到他的時候是春天。那時候，曉雯剛剛獲得爸媽的支持，決定自己搬出來住。可能是因為爸爸從小就離家獨立，他很推崇一個人小時候就應該刻意學習在社會上謀生的技能。他還特別買了各種猶太人寫的書給她看。曉雯樂得接受這種「考驗」。她完全沒思考過，獨立對她來說意味著什麼。那時候的她，只想著早點逃離媽媽的「魔掌」。家裡有個虎媽，日子真的不好過！

曉雯租的小套房，離學校很近。靠著自己這個小小的空間，曉雯籠絡了不少同學的心。平日、假日，只要沒課的時間，大家就會聚在她家玩。追劇、寫功課、煮飯、打怪。這些同學也都很識相，來的時候，零食飲料、菜肉水果，多少都會帶一些。大家打趣，曉雯根本就是這個「同學俱樂部」的闆娘，被大家寵得衣食無憂。就這樣過了半年時間，小小空間還湊出了三對系對。也是功德一件。

大一下學期，常來的同學裡多了一個人，他是哲學系的。他平常穿得很隨便，總是黑色、白色、靛藍色的運動上衣，搭配同色系的運動短褲。乍看之下普普通通。不過，他會搭配一些精緻的飾品，像 Georg Jensen 雕琢精緻的銀項鍊，嬉皮風的卯釘耳環，還有骷髏頭的銀戒指，有時候還會帶個手環。這個哲學系男生對自己外型的搭理，活脫脫就像個某服裝大牌的設計師一樣。跟一般大一的同學樸素傻憨的樣子完全不一樣。一看就是一個心思縝密，見識過大場面的人。

從小就愛看各種紀錄片，跟著紀錄片從紀錄的角度去觀察某個人、某個事件。因爲喜歡看紀錄片導演深入還原一個人的思維過程，曉雯觀察人的眼力跟著也是日漸犀利。曉雯發現，當他戴飾品的時候，那天的他比較失落，話很少。當他什麼都不戴的時候，整個人就比較放鬆，也會跟大家一起說說笑笑。喜歡熱鬧，話又不多……總之，曉雯覺得這個人個性古怪，應該經歷過不少事。

氣象預報說這個週末兩天都會是大雨。平常家裡總會有同學進進出出。下大雨一般大家就不會來。曉雯本來以爲可以睡到自然醒，結果門鈴響了，是他。

「大家都沒來啊！」他一副應該說點什麼來緩和氣氛的樣子。

「對啊，下雨天大家通常都不會來。」曉雯往外看了一下，確定就他一個人。

「那我們去吃早餐吧！」他像是在問，更像是在幫曉雯做決定。

他選了一間西式早餐店。曉雯索性點了歐姆蛋加優格。這種早餐的組合，總能讓她想到跟爸媽旅行時飯店的早餐，陽光灑在桌面上，帶著悠閒的心情，全家在一起隨便聊聊，這種感覺很好。他點了雙層漢堡、松露薯條和肉桂拿鐵。

「哇！一早吃這麼豐盛！」曉雯也是隨便聊聊。

「對啊，吃東西就是要看心情。午餐也可以放在早上吃啊！」

「也是！」確實是這樣，曉雯想。

「這種想法跟哲學很像，了解制式化的思想，是爲了打破群體框架，而打破框架又是爲了更了解這些延續很久的制式化思維。」他滔滔不絕聊起來。

「他確實是一個古怪的人！」曉雯更確定自己的想法。表面上曉雯聽得很認眞，不時還會說幾句：「是喔！」「眞的！」但事實上，曉雯一句都沒在聽。這些都是敷衍的技巧，是她從自己虎媽那裡練出來的。

吃完早餐，他很紳士地幫曉雯撐傘。外面的雨很大，他把傘往她那邊移多一點。曉雯很不好意思說：「這樣你會淋濕的。」「這樣我們就都不會淋濕。」他從容地一把摟過曉雯的肩膀，臉上帶著溫柔而不容拒絕的俏皮。

現在回想起來，當時他的舉動，跟他的衣著配飾風格如出一轍——隨和又大膽。

那天，他把她送回家，就離開了。好像什麼都沒發生一樣，之後，一切都回到原本的樣子。家裡還是同學進進出出，他也會常常來，和往常一樣，有時候靜靜坐在那裡發發呆、翻翻電視，興致來的時候，就和大家談笑風生。

那次一起吃早餐之後，曉雯就非常期待接下來他們之間的發展。雖然他很古怪，但他很有想法。他身上總有一股迷人的魅力在吸引著她。像是沉靜在自己世界裡的那份特立獨行，像是和大家聊天時候的幽默隨性。這些特質在同學裡極少遇到。而且，重點是，她每天越來越期待看到他。

大一暑假的時候，來家裡的同學少了一半。大部分同學都趁著暑假回家或者去旅行。聽同學說，他的家人都住在紐約，他整個暑假都會在美國渡假。果然是不同世界的人，難怪顯得古怪！曉雯覺得自己開始想他。可惜的是，大二開學，他沒有回來。學校是說，他的家人幫他轉學回美國唸書。但，有同學聽說，他好像回來就是爲了放鬆養病的，因爲身體狀況突然開始惡化，不得不回美國治療。開學後，她再也沒有看到過他。

曉雯的那間小套房租到大二，就沒有再租下去。她選擇回家跟爸媽住。曉雯開始覺得，虎媽再怎麼兇也是自己媽媽，爸爸更是一個溫暖的人。

自從那個人消失後，曉雯就不想再在外面流浪了……

關鍵詞：佔有慾

羅蘭．巴特在《戀人絮語》一書裏這麼說佔有慾：

「當戀人意識到戀愛關係的種種麻煩，都起因於自己不停想通過種種方法佔有對方，他便決定放棄一切的佔有慾。」

愛情不是契約。

來的時候，沒有準備，去的時候，無法挽留。

好奇、懷疑，靠近、拉遠……

情感間的各種化學反應讓人生出想要佔有的慾望。
幻想，或許像擁有財產一樣劃分情感的邊界，
如果你就是我的，那就不會失去。
只有控制霸佔，沒有克制尊重，
佔有慾，就是一種任性的控制。
不過，不想佔有也是一種控制。
如果你不來，我也就不去找你，
我努力克制自己不去愛你，
愛你是我的事，與你無關。
這種對待愛情的方式顯然不想動用佔有慾，
但，比起擁有，更害怕失去，
與其不能長久，不如斷尾求生，不要開始。
這樣說來，佔有慾就是一種情感的狀態。
用得好，兩個人可以更靠近，
用得不好，會讓孤獨無處安放。

星座與愛情：

金星天秤是眉心之間的第三隻眼，是可以看透刻意掩飾的測謊儀。他們多少帶點通靈體質，來者何人，帶有什麼目的，他們通通心知肚明。只是他們通常不想去分析這些看透人心的直覺，每天都聽到別人的眞心話，是蠻可怕的負擔。尤其是談戀愛的時候，金星天秤更期待一個優雅的伴侶。他不喜歡粗魯和平庸，金星天秤喜歡的伴侶，要有精雕細琢的品味和舉止得宜的教養。

金星天秤了解生命的貪戀、生活的枯燥、人性的醜惡。他喜歡把這些盡量用樂觀積極的心態轉化掉。面對生命的貪戀，他認爲：與其佔有，不如去享受。比如，也許他買不起美麗的房子，但他可以去美麗的地方辦派對，享受生活中的美。面對生活的枯燥，他認爲：與其無聊重複，不如自己創造樂趣。比如，吃飯就跟自己最喜歡的人去吃最喜歡吃的食物，這樣一日三餐，總有一餐是充滿歡樂的。面對人性的醜惡，天秤認爲：與其批判，不如換個角度思考。比如，另一半有時候很無理，那爲什麼不給他一點安全感呢？這都是金星天秤可愛的地方，也是容易把感情看得過於理想化的原因。金星天秤會爲他平凡的小日子，譜出優雅的節奏，有時把浪漫當飯吃，有時玩點小驚喜，有時跟朋友們一起瘋，這樣的小日子加總起來，就是充滿情趣的生活。跟金星天秤在一起久了，你會因爲他而活得精彩。

愛情送分題：金星天秤懂生活、懂情趣。特別是在戀愛的時候，個性大剌剌又熱情，根本就是天生的初戀體質。金星天秤的愛很純粹，讓人想要擁有。

給金星天秤的建議：金星天枰座會把天使的一面留給大家，把惡魔的那一面留給自己。他很清楚，自己的大部分情緒都來自自己的「作怪」。比如對自己要求很高，知道自己總是無法感到滿足，想要更多的人看到自己的好，絕對不能被別人挑剔和嫌棄……他總是用很嚴苛的標準來衡量自己夠不夠好，同時把別人對他的不好、不公平的原因都歸結爲「我不夠好」。給自己這麼大的壓力也不能全部都怪別人，金星天秤只好乖乖的把情緒收好。

金星天秤的責任感是藏在心裡的。他們一般不會説出來，也不會特別表現這一點。他認爲，人和人之間是互相的。就算他願意爲對方做很多，也不想讓對方知道太多，萬一對方把他吃死死，他會很有壓力。

故事裡曉雯就是這樣跟那位男生互動的。兩個人遠遠互相觀察、默默互相關心。要不是因緣際會一起去吃早餐，曉雯也不會急於想要靠近。金星天秤就是這樣，永遠要爲自己保留一張底牌。他希望自己不要出錯。但緣分是我們永遠猜不到的玄幻存在。等男生離開了，曉雯才後知後覺自己已經喜歡上他。

就算想抱怨、有很難克服的難題，到金星天秤手裡，他會盡量想辦法做到好。他想把理想化的想法盡量變成現實。但也是這一點，會讓金星天秤的心裡充滿了挫折感。無法面對眞實的狀況，很難如實地看待自己的感情。想要陪伴又需要完美的情投意合，這樣不切實際的心態很容易讓金星天秤感到徬徨。愛情，在一開始是最美的，也是讓人最擔心的。建議金星天秤，在熱衷於浪漫的同時也要對現實，有所認知，在期待對方回應的同時，也要放開心裡隱藏的佔有慾。

三個糾結：

(1) 在愛情裡，佔有慾和自信會混在一起，讓人分不清。

(2) 愛情是互相的，就算你給了全部，也只佔愛情關係的一半。

(3) 戀人就像面鏡子，佔有慾只是其中的一個小細節。

三個成長：

(1) 愛對方先要有自信，才不會在付出的同時覺得自己少了什麼。

(2) 愛是需要累積的，佔有慾只是表達方式之一。

(3) 當佔有慾佔滿心頭，不要害怕，試著去好好的說，也要記得愛自己。

故事的後面：

當曉雯知道自己跟男生之間不可能有後續的發展後，也開始反思，自己想要過什麼樣的生活。父母的期待，讓金星天秤的曉雯想要完整父母的心願。但現在她終於知道，在實現父母的想法和渴望他們的愛之間，曉雯想要的是愛。她期待自己被關心、被呵護、被疼愛。這是一心想要她獨立強大的父母沒有給足的。

後來曉雯學著跟父母表達自己的想法：她遲早都會搬出去住，現在她只想再當幾年孩子，想要好好享受爸媽給自己的疼愛。

在愛情裡面，想要全心擁有對方，是人之常情。慾望是一種情緒，情緒都是有限的。也就是說，佔有慾是一個短暫的情緒。它是情感需求的一部分，而不是我們談戀愛的目的。

人本來就是互相獨立又互相依存的個體。當佔有慾的情緒過去之後，相愛的人還是要各自去做各自的事。相愛不代表完全相容，獨立不代表不是相愛。去掉二元對立的想法，愛一個人，就不會只想著佔有。在愛情中，除了佔有，還有很多值得讓人享受的美好。

Story 20 金星天蠍座

答案：什麼樣的愛情適合自己？

開始和結束，都有它獨特的味道。當一個關係準備要開始的時候，鼻子會比大腦更早發現當中的玄機。大腦、眼睛、耳朵負責透過互動來做出反應，忙得很。只有鼻子清閒，負責辨認這個人身上有沒有可以開始戀愛的味道。而結束的時候，那種告別的味道懸絲在半空，聞到的人束手無策，只能等待終結的那一刻出現。

好奇怪！去年找不到一個適合的，今年一來就來三個！佳惠對自己的境遇眞是有點同情。

空窗期了一年。剛分手的那幾個月，佳惠特別想找一個人陪自己。雖然家人覺得自己好不容易擺脫一個控制狂，應該好好享受一下單身。確實，佳惠承認，自己已經很久沒有經營自己的朋友圈了。除了平日常相處的幾個同事，其他本來常往來的好朋友、老同學，她已經有兩年沒跟他們見面。爲了一段感情，拋棄自己一路走來經營的一切，佳惠覺得自己也眞的是夠了！

可是，比起一個人的寂寞空虛，佳惠還是喜歡旁邊有個人的感覺。以前閨蜜笑罵她「欠愛」，精確的說，佳惠覺得自己應該是「欠揍」。她也不懂，自己爲什麼這麼需要找個伴。戀愛也談過不少次。不是自己不滿意，就是別人不滿意。兩個人互相看順眼，就黏一起。互相看不順眼的時候，就吵不停。談戀愛不外乎這幾招：甜蜜期、磨合期、決定期。再接下來，不是在一起久一點，就是互相厭惡，決定分手。

這個世界上不乏像自己的人——明知不可爲而爲之。理智知道是一回事，心裡想的又是另一回事。別人可以「吃一塹，長一智」，自己卻是「吃壞肚子還繼續吃」。佳惠對自己這種不可理喻的寂寞空虛很是無奈。她就是無法阻止自己，就是很想要趕快找個人靠一下才安心。

你最怕什麼，老天就給你什麼。佳惠空窗期的這一年算是體會到了！不要說找個人來靠，連個能當備胎的好人選都沒有！雖然佳惠很想找個人取暖，但經歷的多，再也不敢任性妄爲。不要勉強自己跟完全沒感覺的人硬湊一起，就是這個原則讓佳惠撐到現在。

好在老天是仁慈的。撐過這一年的魔鬼考驗——對自己想要的不妥協。實戰修煉下來，今年老天直接送三個上等人選給她。不管別人怎麼想，佳惠覺得就是因爲「功課」做得好，老天才會直接頒大獎給她。

這三個人出現，就是這一個月的事。一個是過去的老同事，最近剛離婚，好巧不巧，兩個人就在這個當口又組成新團隊，每天一起工作。話說佳惠當年非常羨慕這位老同事的太太。立誓找人就要拿他當範本。當初覺得可惜，自己幾乎沒有遇到過這麼優質的人。現在，老天送上門，佳惠和他相處得很好。他還相約這個週末一起去看展。這天賜良緣的好機會掉下來，佳惠差點就在辦公室當場尖叫。

前後相差兩天時間，當佳惠還在糾結週末約會穿什麼衣服好時，高中時期的同學傳訊息跟她表白。上學時候，佳惠暗戀過他半年，當時他看起來對她完全沒有化學反應。佳惠一直以為，他應該根本不知道自己在暗戀他。結果時隔多年，竟然收到自己暗戀對象的告白！這也太戲劇化了！「我發現我其實一直喜歡的是妳，只是這麼多年來都不敢跟妳說，我怕妳會拒絕我。」他的一番肺腑之言一直在佳惠的腦袋裡旋轉：「這麼多年來我一直喜歡的是妳，這麼多年來我一直喜歡的是妳……」佳惠覺得自己彷彿是皇宮裡最美的公主，集萬千寵愛於一身。

佳惠最近有點輕飄飄的。這樣的好運能維持多久呢？要選誰呢？還來不及想清楚，她又認識了一位新客戶。他可是難得的黃金單身漢，佳惠不由自主的暗自感嘆。倒不是因為他看起來很有錢、很有家教，單是他的身高、長相、身材就是個難得一見的好對象人選。而且，最近他常常對佳惠噓寒問暖，經驗來看，他絕對是對自己有意思。

佳惠覺得自己中樂透了。老同事、高中同學、新客戶……每天各種關心、不同行程，只要時間不重疊，她都沒有拒絕。這次她決定來個西洋化的戀愛旅程。先都約出去當朋友相處，多了解他們的個性，也讓自己多點感受，這樣再做決定，應該不會出錯吧！

只是這樣的狀況沒維持兩周，佳惠就有點受不了。自己果然還是沒有辦法被西化的東方傳統思想。當她把感情投入到其中一個人身上的時候，再跟其他人互動，不管怎麼調整都有一種說不出來的負罪感。好像自己是水性楊花的詐騙集團。這種感覺讓佳惠實在是不好受。

沒辦法的辦法，佳惠只能找兩個信得過的好朋友聊聊。她想過了，經過相處，她喜歡老同事的居家感，跟他在一起特別放心。她也喜歡高中同學的無所不聊，他們很多想法都很像，而且還有共同朋友、共同的回憶，這讓她感覺很眞實。她還喜歡新客戶的朝氣蓬勃，他的世界都是潛水、滑雪、海島、衝浪、聚會，這是她沒看過的世界，一切都好新奇，他的魅力深深吸引她。

好朋友討論後的結論就是：佳惠根本不清楚自己到底適合什麼樣的人。佳惠接受這個結論。的確，人不能貪心，哪有可能三合一全拿的道理？但是他們各有各的好，佳惠無論如何都沒辦法做決定。

「適合的」就一定是最好的選擇嗎？那「想要的」算什麼呢？

關鍵詞：答案

從某個角度看，愛情是被神聖化的寄託。
好像只要信仰愛情，就能獲得幸福。
但談過戀愛的人都知道，
找愛情要幸福的答案，就是緣木求魚。
愛情沒有答案，
準確的說，
人生沒有標準答案。
如果對愛情有寄託，
可以把它當作一位「導師」，
透過愛情，
用自己的方式，
尋找能夠讓自己滿足的答案。

星座與愛情：

金星天蠍座有城府、為人謹慎、深藏不露。在愛情裡，他習慣距人於千里之外。金星天蠍不會輕易陷入愛情。他有厚重的盔甲，隨時在備戰狀態，總有種沉重而緊繃的悲觀。而他的這些保護色，都是因為怕受傷害。

但是，越是自我保護，老天給的考驗越多。有一條定律，就是為金星天蠍座量身訂做的，就是「墨菲定律」。金星天蠍想要嚴絲合縫地把自己保護好，以為這樣就不會受傷害。但這個世界冥冥中的一條潛規則就是：如果想要強大，就必須面對內心的脆弱。

金星天蠍擅長隱藏情緒，情傷會痛很久。因此，他發展出一套完美隔離情緒的方法：騙自己一切都很好。而且，自欺欺人久了，連他自己都會相信自己很好。但，金星天蠍不是超人，也會有感覺，如果某些情緒壓不下去，也藏不住了，這時候他會尋找某種使命感轉移注意力，再理性告訴自己：「我要為了我的使命努力，那些情緒都不重要！」。表面平靜內在糾結的狀態，金星天蠍對愛情確實執著又怕受傷害。

愛情送分題：金星天蠍不會隨便給出承諾，但一旦給出承諾就會謹守到底，很少半途而廢。金星天蠍感受敏銳，和他在一起可以享受偶像劇般強烈的愛情。

給金星天蠍的建議：金星天蠍總有一種宿命感。尤其在感情方面，潛意識裡覺得自己苦命——盡心盡力、克勤克儉，但老天給的功課越來越難，看不到邊界。不過，我要告訴金星天蠍，這一切沒有源頭的苦是你的錯覺。因爲，所有的苦，來自於你過於自我保護、緊繃不開放的心。只要打開心，去接受自己的各種所謂的缺點、劣勢、令人沮喪的點，那麼，這一切苦的源頭就會消失。做眞實的自己，能夠讓你的靈魂自由。沒有人是完美的。你不需要完美，也會有人來愛你。

故事裡佳惠對感情沒有自信。受傷之後對於關係看得過於嚴苛，是一種精神潔癖的狀態。她很怕只要放過一點點的瑕疵，自己就會再次受傷。等到後來她遇到三位優質的男生，她又無從選擇。雖然嘗試先去了解，結果還是無從做決定。這也證明前面說的自信問題。感情中的自信，就是即使知道某部分弱點，也有辦法與之共存。除了可以找到別人的優點和缺點，事實上，佳惠不知道自己適合什麼特質的人，也表示她不知道跟哪種個性的人相處是最有把握的。

在愛情裡，金星天蠍控制慾極強的背後，是想要窺探標準答案的急迫感。如果他可以知道最後的答案，也就不會那麼緊張害怕。但這裡要注意的是，想要保持感情中強烈的吸引力，就絕對不會有答案。因爲，差異越大的兩個人，吸引力越強。差異大的兩個人相處，很難預先知道最後的答案是什麼。放下答案，享受戀愛的過程，邊相處邊思考，比較能夠找到方向。而且，可以確定的是，容易預知答案的愛情，金星天蠍是不會有興趣的。

三個糾結：

(1)在關係中，因為懷疑而一直問問題，是一種內在的不穩定。

(2)把過多的精力放在追尋答案時，怎麼有時間跟對方好好相處呢？

(3)在愛關係裡，找答案，理所當然，過度放大就不好了。

三個成長：

(1)在愛情裡，你可以有自己的結論，但沒有標準答案。

(2)兩個人要互相支持，就要是把對方的事當成自己的事做，跟他一起找答案。

(3)在愛情裡，每一個答案，都是一把鑰匙，用來開啟兩個人的心。

故事的後面：

在情感關係中，我們每個人或多或少都有一些創傷體驗。不管是相處小細節，還是爭吵，都會造成心理上的陰影。如果因此因噎廢食，談起戀愛什麼都怕，心情處於不穩定的狀態，這樣是無法經營一份關係的。

故事裡佳惠在後來遇到三位不錯的對象人選，不想很快選擇，又無法享受約會相處的時光，她的心情就處在害怕受傷的不穩定狀態。就像去市場買東西，貨比三家，又怕買貴、又怕售後服務不好、還怕品質有問題。比來比去，什麼都不敢買，再三猶豫，結果好的都被別人買走了，機會流失，最後弄得空手而歸。

當佳惠了解到，她不是不了解自己、也不是沒有判斷力，只是因爲害怕再次受傷，懷著這種忐忑不安的心情，很難走進一段關係。三位男生她選不出來，原因就是她不能確定，選誰才不會讓自己受傷。而事實上，這樣的擔憂是無法找到答案。

這也反映了一個現代人的普遍現象——大部分受過學院教育，看待問題習慣全面而理性的人。面對問題，就像學生時期寫答卷紙一樣，大部分人是習慣性的去分析比較、冷靜討論，期待因此可以獲得周全而讓人放心的標準答案。但我們忘了，愛情是感情的互動，不是考試答題。過度壓抑的情緒、深埋心理的陰影、減少本能的渴望，很可能會錯過愛情。不去追求愛情，怎麼會有答案呢？

Story 21 金星射手座

取捨：如何確定遇到對的人？

我們對這個世界的認知，就是自己圍起來的這個小圈圈。建築師的眼裡，對結構和線條特別敏感；醫生的眼裡，這個世界的病理醫藥無處不在；小孩的眼裡，所有事物都新奇好玩……在同一片天空下，大家看到的風景大概都不一樣。

「妳是不是拍過那隻廣告？」慧妍被他一眼就認出。高中同學當上廣告導演，親自邀請她，她聽說可以賺廣告費，就答應下來。沒想到，還眞有幾個人看過這則廣告，偶爾有幾個人能認出她。今天和姊妹們來聯誼，還沒坐穩，就被認出來，慧妍有點尷尬。「廣告拍得眞不錯，很有質感喔！」他的評價讓她感覺放鬆了一點。

慧妍和同公司的三個比較要好的同事一起報名了一間聯誼社。在公司這種封閉又以加班爲常態的環境裡，想要認識一個圈外的男生眞的很難。還好有姊妹們一起來聯誼，不然慧妍覺得以自己現在三十幾的年紀，應該是聯誼會裡面年紀比較大的，跟小妹妹們競爭，她無法說服自己。這次她們四個人被安排和航空公司的男生聯誼，姊妹們都超期待的！

認出慧妍的男生是某頂尖大學物理研究所畢業，畢業後不想被鎖在實驗室，跑去自費學開飛機，現在已經是一名正港的機師。聯誼大概就是這樣，見面後先互相熟絡一下，破冰儀式就是互相介紹各自的背景和大概經歷。其他三位男生，一位是剛離婚的經理，兩位是很年輕的工程師，他們聯誼非常合理。這位正在談笑風生的機師，這麼優秀還是單身，就有點太不合理。慧妍忍不住暗自忖度。

這位機師是最近聯誼過程中最接近慧妍理想對象的人選，她有點期待又害怕受傷害。一方面她覺得這麼優秀的人，不知道他對自己有沒有興趣。另一方面，她覺得這位男生的條件完美的有點不眞實，以他的狀況交個女友很容易，爲什麼還是單身呢？

聯誼結束的時候，機師問她週末要不要一起去爬山。慧妍想，先交個朋友再說吧。回家的路上，姊妹們起哄：「被機師看上好羨慕喔！」「我也想跟機師交往，以後出國不用錢，搭飛機跟搭計程車一樣方便！」「而且聽說幸運的話，還能升等商務艙！」看著姊妹們平常工作加班這麼辛苦，有個看起來不錯的，也不深入了解，就開始發春，眞是……工作這麼久，還有這群姊妹們可以常常鬥嘴，慧妍覺得自己很幸運。

「平常都在密不透風的辦公室，週末到山上呼吸一下芬多精，感覺很好的！」他邊走步道，邊回頭說。慧妍看著前面這個朝氣蓬勃的男生，心中的疑問還是放不下。山上的蟲鳴鳥叫、新鮮空氣都無法讓她轉移注意力。從植物到步道的歷史，他倒是侃侃而談，看起來很興奮。走到一個小瀑布前，慧妍提議休息一下喝點水。

呼吸著瀑布帶來的負離子空氣，慧妍還是決定直球提問：「你當機師應該不難找女朋友啊，怎麼還是單身呢？」

他吞下水，邊蓋瓶蓋邊帶著詭異的笑問：「怎麼？怕我吃掉妳不負責啊？」

「也不是啊，我是按照正常邏輯想，你當機師，至少公司很多空姐吧！還需要出來聯誼找女朋友嗎？」

「妳邏輯很好！這麼說吧，我對空姐沒興趣。我前面交往過兩個女朋友，都是空姐，她們實在太難相處了，一身公主病。」

「那是你太大男人吧！空姐到處飛，還要調時差，工作很辛苦啊。說不定是你有王子病。哈哈！」慧妍沒把這次爬山當成約會，她覺得雖然是聯誼，還是要平常心，多交朋友也很好。她提醒自己不要抱著一定要把自己嫁出去的期待來聯誼，這樣會傷很重。因爲，女人遇到愛情智商就是零。自己前面的幾次慘痛戀愛經驗已經很夠了！她才不要不清不楚就跟別人約會。慧妍覺得先趁這次爬山問清楚，當個朋友，其他的以後有緣分再說。

「妳不能這麼猜！我工作也是很拼命的喔！當機師也是很辛苦的！我的能力和包容力是一樣高的！妳不要不了解狀況就替妳們女生說話。」

「那你自認爲這麼努力、這麼優秀，爲什麼還單身呢？」慧妍覺得他都不正面回答問題。

「我就是想找一個特別有感覺的。當然我知道我自己的眼光也很高啦！」

「什麼樣的感覺就是『特別有感覺』啊？」慧妍趁勢追問。

「就是妳目前給我的感覺。」他也不回避，「不過妳別擔心，我不會給妳壓力。到我們這個年紀，先當朋友互相陪伴，也很不錯啊！」

回答的這麼巧妙，迂迴又暗藏強烈的目的，眞是老江湖！慧妍沒說好，也沒說不好。再看看吧！一個人也很好。談戀愛，花時間又費心力，這樣來來回回談過幾次，慧妍也是覺得累了。而且男人嘛！是「花花公子」還是「以事業爲重」？是「消遣寂寞」還是「想認眞相處」？是「個性古怪不受歡迎」還是「想要找到對的人」？這些都是一線之隔。身爲女人，永遠都猜不透。畢竟這個社會給男人的除了壓力，都是鼓勵。給女人的，除了壓力就是看低。這是現實，到了一個年紀，經歷了點歲月後，不能不承認、也不得不面對。當然，慧妍認爲自己作爲女人，並沒有跟男人站在對立面。但，要拿出信任，有點難。

所謂「對的人」本身就是個僞命題。這也是慧妍最近新體會到的。只有相處舒服的兩個人，願意一起去經歷生活裡大大小小的事，然後在一次又一次的試圖互相妥協、互相支持、互相合作中，才找到某種心理平衡。也就是說，「對的人」是互相經營出來的。裡面要有理解、寬容、妥協、支持、陪伴、犧牲……但是，當情緒起來，當看到自己的立場和利益可能會受到損失，有幾個人能做到呢？

相處容易，相愛難啊！慧妍看看眼前的這個男生，不知道自己的未來會不會有他在。

關鍵詞：取捨

喜歡或不喜歡，是一種取捨。

付出或收回，又是另一層的取捨。

感情就是在不斷取捨中形成的。

雖然有人覺得取捨很難，會很猶豫。

但，

有選擇比沒選擇好。
想選擇比放棄好。
愛上發現不適合，不是不能退換。
受傷覺得後悔，不是不能重新開始。
有慾望就會有取捨。
愛情來自慾望，沒有取捨的感覺，就不會有愛的產生。
取捨之間，心裡的想法才能越發確定。
越能取捨，就能越接近愛。

星座與愛情：

金星射手座永遠屬於江湖中的浪子俠女。曠野中迷霧未散，身影搖曳，這就是金星射手灑脫的味道。金星射手可以在朋友中混出好口碑，但總會在情場上背負著「不定性」、「花心」的原罪。可是這也不能怪大家對金星射手無拘無束的感情觀心有餘悸，只能怪他對感情太隨性。

可是，誰不嚮往愛情：由強烈吸引力開始，再由溫柔結尾，任誰都會嚮往。金星射手再隨性也是人，他的瀟灑是演出來的。因爲他怕痛、怕傷心，故作瀟灑是人前好強，也爲了騙過怕心痛難熬的自己。

金星射手其實浪漫純眞、活得樂觀，私底下也感到孤獨。他懂享受，是因爲深切感受過不安；他很瀟灑，是因爲刻骨感受過別離。他在感情裡多變，不只是因爲眞的想要隨心所欲。在「喜歡與距離」、「付出與冷漠」的不確定之間，他更了解自己——容易衝動，因爲在乎而害怕，需要空間消化自己的不安。這才是眞正的金星射手。

在放鬆的環境裡，金星射手想忘記自己是誰，也不想做自己。金星射手天生不喜歡緊抓著煩惱不放。發發呆，做點喜歡的事，跟家人朋友撒嬌，這就是金星射手的小確幸。他只想要過舒服的生活、享受舒服的關係，金星射手的世界不想要取捨，只想要自由。要選哪種愛情？隨緣吧！

愛情送分題：金星射手樂觀又風趣，有「採菊東籬下、悠然見南山」的逍遙和雅興。金星射手悠遊又勇敢，出門或居家都別有一番魅力。

給金星射手的建議：別看平常金星射手大剌剌的，什麼天大的事到他這裡就被看得雲淡風輕，一副怎樣都無所謂的樣子。事實上，金星射手的桃花，從小就多到要排隊了，對於曖昧、談戀愛這種事，他絕對是輕鬆搞定。這也是爲什麼不少人覺得金星射手太輕浮的原因。感覺金星射手天性裡就有「滾滾紅塵、浪跡天涯」的不安定感。

但事實上，金星射手根本就很清楚自己喜歡什麼的人，也清楚什麼樣的人絕對不適合他。金星射手談戀愛，一面天馬行空、不拘小節，什麼人都留不住他，另一面他也會很實際爲了塡補寂寞，隨遇而安。

當然，當金星射手開始動心，想要認眞對待一份感情時，他也會放在心裡默默觀察。對他來說，過早亮出底牌，就等於沒自由。就像故事裡的慧妍，在聯誼的時候，就對機師有好感，但也會表現出看似不經意、隨興而爲的態度跟他互動。

金星射手有時候太刻意掩飾自己的心，總是拿出瀟灑無畏的樣子給人看。難怪大家總是把「不倫、劈腿、花心、不負責任」的帽子扣在他頭上，好像他生下來就應該被天打雷劈。這是金星射手背負很久的原罪。

感情的事情，對於金星射手而言，沒有絕對的原則問題。他認爲戀愛中最大的原則，就是要夠有感覺。至於有沒有交往、有沒有結婚都隨緣。他認爲如果關係變得不好，也可以隨時放手，絕對不想用「名存實亡」的道德標準綁架自己。

這裡要注意了，對感情的渴望、內心想要依靠，卻又標榜隨性、隨緣的態度。這種想法需要適時修正，不能把「感覺」當藉口，最後假藉「沒感覺」之名，施行「自私自利」之實。大家都多少受過情傷，不知道該怎麼愛一個人，也是每個人會經歷的心路歷程。如果要談戀愛，就要打開自己的心，互相尊重、不要自欺欺人，就會讓人把注意力放在你的樂觀、溫暖、幽默的優點之上。不被信任的誤會自然就會解除。

三個糾結：

(1) 戀愛的時候總想著要不要相信對方，一定愛得很不安心。

(2) 感情關係裡的一方，如果一直想去找另一方的毛病或問題，就應該面對分開的取捨了。

(3) 兩個人動不動就吵起來，各執己見，愛情很難經營下去。

三個成長：

(1) 談感情，總有情緒來的時候，先冷靜一下，再多想想。

(2) 當愛情關係面臨分手的決定與取捨，除了要勇敢，還要能尊重自己的決定。

(3) 如果取捨兩難但最終決定還是愛了，就要想想如何好好愛他。

故事的後面：

每個人都有一個屬於自己的舒適圈。做習慣的事、不冒險、舒服過日子就很好。雖然說這也是一種取捨。但是，未免太無趣了。金星射手就不喜歡這樣的生活，所以他喜歡有個性、有想法、有才華、有信念的人作爲自己的伴侶。他需要一個有魅力的人，一個能讓他打從內心欣賞和佩服的人。故事裡慧妍就在默默期待遇到一個自己舒適圈以外的人。正因爲這樣，她才去聯誼，企圖認識自己慣有交友圈以外的朋友。事實證明，這樣的想法，非常符合金星射手的個性。遇到像機師這樣的人，正是慧妍想要的類型。雖然她還不敢眞心投入，但，當她了解到，不要再刻意表現隨性，要眞正迎合自己的渴望，才能交往到自己眞正想要的伴侶，這樣的人生才是自由的。這樣的取捨符合她的本性和初衷。

愛情如果要取捨，就要給自己更多的想像空間：把慾望做調整、把目標做調整、把關係做調整、生活節奏做調整……做些適當的取捨，就能打破固有的認知，實現自我突破。一旦走出舒適圈，狀況就不一樣。新的人事物帶給大腦感官新的刺激，停滯的能量就會被喚醒。

要對這個世界充滿好奇。也要對慾望有所取捨。只想不做是空想，想到去做是夢想。想要獲得美好的愛情，想要夢想成眞，就要有試錯的承擔和追愛的勇氣。

Story 22 金星摩羯座

自戀：那些愛情裡的謊

謙讓總是好的，大人這麼說，孩子們就這麼做。到手的東西沒了，還要主動讓出去，對孩子們來說並不容易。一開始驅使他們這麼做的動力，就是爲了讓父母開心。後來，多數的孩子可能忘了爲什麼要謙讓，卻記下了——讓愛的人開心很重要。

睜開眼睛，看到左邊的點滴瓶。確認自己還在醫院，詩薇輕輕歎一口氣。這不是她第一次發尋麻疹急診住院。吵架、發尋麻疹、男友跑來送她去急診、住院、昏睡、醒來、出院……這一切就跟吃飯一樣，已經重複好幾次。醫生說，尋麻疹很多都跟患者的心理狀況有關，希望她可以想辦法調整自己的心態。不然很可能越來越嚴重。詩薇覺得自己很悲哀，她知道自己的心病全部來自男朋友，可是她什麼都做不了。

前兩個月，詩薇和男友剛剛達成協議，兩個人分開住，彼此給對方多一點的時間。她願意答應男友的提議，是因爲，男友常常抱怨自己太黏他，他覺得受不了。而且男友有潔癖，自己又總是神經大條，一不小心就把家裡弄亂。每天被男友劈頭蓋臉的碎念超級痛苦。男友需要個人空間休息，自己需要放鬆，分開住一陣子也好，或許會小別勝新婚，反而突破現在的僵局，兩個人的關係變更好呢？

誰知道，兩個月過去了，他們的關係並沒有像詩薇想像的那樣變更好，反而變得更糟糕：他們幾乎一個半星期到兩個星期才能見到一面。這對於喜歡和男友相處的詩薇來說，太痛苦了。「談戀愛不就是要互相陪伴，互相支持嗎？我需要你的時候，你卻想要一個人，那當初幹嘛要在一起呢？」每次見面，詩薇都想要跟男友溝通。可是每次都以詩薇控訴和吵架收場。而且好幾次，還氣到發急性尋麻疹，然後詩薇再把走掉的男友 call 回來，請他送自己到急診室。一開始覺得這樣也好，至少他還能陪自己一個晚上。結果，三番五次之後，男友也不耐煩，看她睡著了，他就會自己回家睡覺去。

詩薇覺得自己好像什麼都做不好。很努力打掃，家裡還是達不到男友要求的整潔。努力獨立一點，還是被男友說太黏人。她很害怕，害怕這樣分開住之後，男友發現還是喜歡一個人，提出分手怎麼辦？她不能想像，如果男友不見了，自己該怎麼辦？

小時候，媽媽就是這樣常常不見。有時候奶奶說，媽媽出差了。有時候爺爺說，小孩子不要問那麼多。後來詩薇上了國小。小一下學期一堂課上，她實在太想媽媽，也不管老師正在上課，就放聲大哭起來。老師了解狀況後，耐心告訴她：「妳可以跟媽媽約定，以後出差前要提前跟妳說，妳也要問問媽媽什麼時候會回家。」長大之後，詩薇才明白，爸爸那時候在上研究所，家裡的開支都是媽媽在負擔，那時候媽媽的工作壓力超級大，也非常忙。雖然現在她很理解，可是這段經歷還是給小小詩薇心裡埋下了陰影。她害怕自己一個人待在家，因爲她怕家人消失不見。這個心理陰影給了男友不少壓力。

護士剛剛來拔掉針管，囑咐詩薇要按時吃藥、作息規律、放鬆心情。詩薇又要一個人回家了。她只向公司請了半天的病假，因爲要她一個人在家撐過一天，詩薇覺得很恐怖。她也不想叫男友來陪她，因爲男友一定又會有情緒。她不想再破壞他的心情。

委曲求全好像不太能解決問題。詩薇知道自己的問題，她沒辦法和自己獨處，更害怕自己愛的人消失不見。但每個人都會有自己的缺點，不是嗎？爲什麼男友就不太願意包容自己呢？如果男友願意給自己一點安全感，說不定這種狀況就會越來越好啊！詩薇想不通，男友爲什麼這麼需要一個人的時間。雖然他承諾過，獨處的時間到了，他就會來陪自己。但所謂「時間到了」，又是多長時間呢？詩薇每次都等不及去找他，他就會很冷淡，不講話、不理人，還會生悶氣。只有自己發尋麻疹了，才會趕快來關心。可是這種用生病換來的關心也不是真的關心……詩薇每天就這樣重複想著、糾結著。

那天晚上下班，她在家邊看電視邊滑手機。男友的一張照片猛然出現，時間顯示照片剛剛被上傳。照片中是男友正在走路的背影，右手還拿著一把捲好的雨傘。這把傘她不認識。這張照片是被標註上去的，內容寫著：背影也很帥！還加上了一個大大的紅色愛心。標註她男友的，從名字看，是個女生。

詩薇頓時感覺自己像被深夜的巨雷劈中一樣，一時不知道該怎麼辦：「要留言嗎？不對，還是先打電話質問他？不行，我們的關係已經很不好，這樣打過去會分手！還是先假裝不知道好了！」她隨即點開那個陌生女孩的個人資訊。詩薇透過照片就看得出，這是一個活潑有自信的女孩。她的每張照片都帶著歡快輕鬆的笑容，小麥膚色底下是一條一條纖長又結實的肌肉。她喜歡穿露臍裝、戴棒球帽、出門滑滑板、有時間就去當背包客去旅行。她是誰？詩薇在腦海裡翻過一遍又一遍，她找不到任何可能認識這位女孩的線索。

他可能、應該、不出意外的話，是劈腿了。詩薇關掉手機，回神之後發現自己不知不覺已經淚流滿面。她擦一擦眼淚，打開手機，把男友的那張背影照存下來，然後寄給他。

「我看到照片了，你是不是交新女友了？我們分手吧！」她覺得自己雖然像小狗一樣黏人，但並不是不要自尊的傻瓜。他回什麼已經不重要。跟誰在一起也不重要。當他覺得煩、嫌東嫌西的時候，她就應該意識到，自己已經不再是他愛的那個人。

現在，詩薇徹頭徹尾眞的是一個人了。

關鍵詞：自戀

自戀通常被認爲是不好的詞：

因爲自戀的人自我感覺太好，完全不想理別人的感受。

但，過於依戀別人的人，需要學著「自戀」。

自戀最重要的核心就是——

不管在別人眼裡的評價爲何，就是要愛自己；

不管被別人如何對待，就是要好好對待自己；

不管別人怎麼想，要先認可自己。

眞心愛自己，很不容易，

找一個人寵愛自己，好像比較快，

但問題是，別人的愛，不一定能要得來。

心裡有陽光的人，才能給別人陽光，

一個能愛自己的人，才有愛別人的能力。

自戀、自愛、自重、自信，有差異卻環環相扣。

求別人來愛自己，是種自虐，也會成爲別人的負擔。

先練習自戀，再練習自愛，自信就會慢慢成型。

愛自己能讓一個人的精神變得豐腴，

一個可以自我滿足的完整的人，戀愛的運氣不會差。

星座與愛情：

金星摩羯是一個需要被肯定的星座。但是如果你單純的只是讚賞他，對不起，也不受用。因爲摩羯會懷疑你心懷不軌，不知道有什麼陰謀。說實話，金星摩羯這麼居安思危，不給自己一點喘息的空間，是因爲，他對自己要求極高。他習慣隨時檢查自己的狀況：做得好叫做「完成」，做得不好叫做「差勁」。看出來了嗎？摩羯很少覺得自己好，常常覺得自己不好倒是眞的。這是金星摩羯心裡的不安來源。

這種很難享受一份關係的金星摩羯，他只在乎「夠不夠努力」、「有沒有更好」、「還能多做點什麼」，他就是這樣對自己自律嚴格，也希望另一半是真的成熟、沉穩、可以完全的包容他。他有時候會忘記情趣這件事，說話直白、動作直接，讓另一半感覺安心的同時，壓力也會伴隨而來。

當然啦，不解風情的金星摩羯，不是不會心動，只是需要有人提醒他，多點情趣、多點溫柔。其實只要你在他累的時候，多陪伴、多鼓勵他，給他溫暖的擁抱，融化他過於自責、對自己太過嚴苛的心，他就不會那麼的鑽牛角尖。

愛情就是這樣，它不需要偉大的建樹和歌頌，更不需要山盟海誓，一個簡簡單單的擁抱，千言萬語都在其中。這是摩羯最嚮往的情感——純潔而不受污染的互相關懷，在對方需要的時候給予無條件的支持。這樣世外桃源般的簡單溫暖的感情，最能讓摩羯心動。如果你喜歡摩羯，就去多給他一點溫暖吧！

愛情送分題：金星摩羯個性沉著、自律，看待關係非常認真，也願意付出。金星摩羯舉止得體，重承諾，值得信賴。

給金星摩羯的建議：戀愛中的金星摩羯，想要對對方好，讓對方覺得幸福，讓對方感覺到因爲自己的存在而更開心，所以，金星摩羯在感情中，一直想要做點什麼。他對感情就是這麼實在。

金星摩羯平常很木訥，他平常會表現儒雅完美的一面。私底下卻是過於較眞的一掛。他容易對自己想要的產生急躁情緒。他內心眞正的想法是：如果什麼事都可以按照我想的去做，那就太完美了！

故事裡的詩薇就是這樣。她想要男友陪她，就會想方設法讓男友做到。男友多花點時間陪伴女友，本來是很正常的事。不過，詩薇在他們的關係中，對男友的要求超過他可以負荷的程度。而且，當男友提出，需要一點獨處時間，然後就可以陪她。但詩薇等不及，常常在男友獨處的時候打擾他。

所以，這裡要注意的是：急躁容易出事，而且會給人一種難相處、很隨便、不眞誠、不能委以重任的感覺。當金星摩羯急躁起來，完全就跟原本的自己不一樣。金星摩羯要收斂一點不安全感下的控制慾。默默制定規則，用自己喜歡的方式，去改變對方，以爲自己很聰明，掩蓋的很成功。事實上，早就被人家看光光了！

三個糾結：

(1)只看到自己需求的情感，會造成對方的困擾。

(2)愛情，不一定要有結果，不過，不要結果只想戀愛的心態，恐怕也不是愛情吧！

(3)在愛情裡，你以為合理的理由，對方不見得跟你同步。

三個成長：

(1)在關係裡，看到自己的需求和看到對方的需求是一樣重要的，不管最後會不會產生愛情，至少對方能感受到尊重。

(2)在愛情裡，很多情緒只跟自己有關，當情緒來了，要跟對方及時溝通才好。

(3)如果你發現很難接納別人的愛，那就先接納自己，從自戀、自愛開始學習。

故事的後面：

愛情能帶出一個人成長過程中的各種議題。戀愛的過程，就是在過濾成長中必須經歷的渴

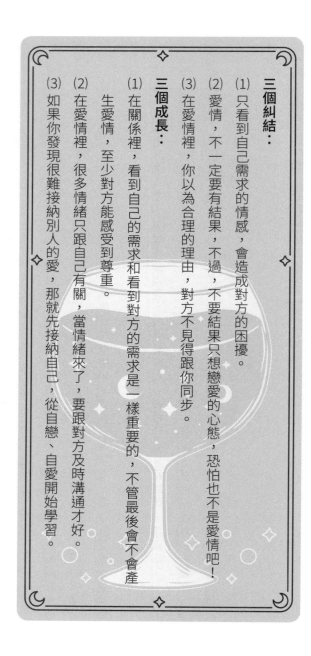

求、缺失、期待、遺憾等情緒。在關係中，他怎麼對我，我有什麼樣的感覺，很多時候，這些感覺不只是對方給的，裡面還夾雜了過去經歷過的感受，甚至還能連結到過往的情緒。

故事裡詩薇喜歡黏男友，一部分原因來自她的媽媽在她小時候沒時間陪伴她，另一部原因是她個性比較敏感，這些都衍生爲她長大後的戀愛思維和行爲模式。

當詩薇了解到這一點，她就能把「無意識害怕被拋棄」這樣的想法控制住，適時提醒自己，現在的她不再是小時候需要依賴家人照顧的孩子，過去媽媽的工作太忙要出差，而不是要拋棄她。

詩薇的男友和她已經走到互相不信任的狀況，他們的關係雖然有補救的可能，但兩個人因爲長年的不合，精神都處在過度負荷的狀態。而且男生已經跟別的女生走得很近，有劈腿的徵兆。放下，先把自己照顧好，這是詩薇當下可以做的最好選擇。

適當的自戀是必要的。自戀是接近自己、探索自己的過程。當你知道自己是誰，就不會被情緒追著跑。因爲了解自己，就會用清晰的判斷去選擇適合自己的愛情。有時候，感情就是一個選擇題。你怎麼想，就會怎麼選擇。

Story 23 金星水瓶座

救贖：要接受挽留嗎？

人有時候很固執。明明覺得不喜歡，還拼命賴著不離開。就算弄得不上不下、精神分裂，也不願意挪動一下去看看外面的世界。不求好只求有，抓著已經有的不想失去，這種固執比恆久遠的鑽石還堅硬。

璟嵐覺得自己好笑。明知道他劈腿了，而且劈腿的對象不出意外的話，應該是好幾個人，她那時還是會聽姊妹們的勸告，想試著挽回他……

她發現自己一個很怪的狀況：很容易喜歡上一個人，又很難跟這個人說散就散。璟嵐每談一次戀愛，心裡就多放一個人。導致她也不明白，自己是因爲留戀前任所以趕快找個人來愛，還是眞的可以這麼快就喜歡上一另個人。

遇到他的時候，他並不是很好。他也跟璟嵐坦承，在交友軟體上他有很多朋友，他和這些朋友隨時都在互相調情。他和這些所謂的朋友大多都見過面，也保持著肉體的關係。他坦承，他喜歡處處留情。心情不好就去找那個溫柔的；心情很好就去找那個好玩的；需要意見就去找那個聰明的；想要發洩就去找那個天真的。他對她很坦誠。他說，他覺得他們之間有很多共同之處：都太聰明、太孤獨、太驕傲，很適合在一起。

璟嵐承認，當她聽到他毫不掩飾把話說的這麼直白清楚，那時，她心裡只有一個想法——眼前這個玩世不恭的浪子正在受苦，他需要她。有一段時間他們是非常快樂的。那是一種很單純的快樂。不是因為性格特別的合、不是特別做了什麼，或者多有安全感，就是只要可以看到彼此，他們就可以很快樂。就這麼單純並快樂著。

後來有一陣子，璟嵐工作的公司裁員，她負責勸退公司不需要的員工。那段時間，很多公司同事看到她，就像看到瘟神一樣，弄得她壓力特別大。每天她花很多時間跟公司老闆、各區主管開會，她希望沒有一個勸退的員工是毫無理由被拋棄的。她更想說服這些老闆主管們，能不能選一批人，為他們寫推薦信，甚至推薦他們去別的公司工作。想也知道，這樣的想法有多麼的難執行。哪個老闆願意承認自己公司經營失敗，讓自己的員工去別的「更好」的公司上班？哪個主管願意背這種鍋砸老闆的場？這段焦頭爛額的日子真的讓璟嵐不好受。她不想把工作的情緒帶給另一半，所以很少跟他提起最近自己經歷的鳥事。本來見面次數減少，再加上話也變得少，他們開始吵架。他喜歡一起過生活的感覺，而璟嵐喜歡多一點個人空間。這個話題他們吵了很多次。結果，他又去找他網路上的那些朋友。

他的表現這讓璟嵐很失望：「我們各自把各自的生活過好、工作做好，然後在一起開開心心的，不是很好嗎？爲什麼你的開心應該是我的責任呢？長大一點好不好？你不再是一個需要監護人的小孩子了！」

「是這樣嗎？那妳也太自私了！我需要自己女朋友花點時間跟我相處，我有什麼錯？我都不知道妳現在在忙什麼，連妳的朋友都比我瞭解妳。妳覺得妳有把我看得很重要嗎？還是直接把我的存在當擺設？」

這次，璟嵐覺得夠了，她不想跟他毫無結果地這樣吵下去。她決定跟他斷聯幾天，等兩個人氣消了，再約出來坐一起好好溝通。但，事情並沒有璟嵐想得那麼簡單。她發現，她的幾個好姊妹，都來當他的說客。他把自己塑造成一個完全的受害者，告訴大家，她是有多自私、多可怕、多無情。而每個姊妹，言詞一致說，他一個大男人，眼睛紅紅地來求救，覺得好可憐。讓她這個女漢子趕快回去哄一哄男友。這讓璟嵐覺得非常意外。

璟嵐一直認爲，愛一個人，就是要用對方覺得舒服的方式去對待他。當初她接受他所坦誠的一切，就是因爲，她看得到他的無助和迷茫。她以爲，只要兩個人相愛，就會產生無可取代的認同和信任。現在看來，都是浮雲，並不可信。顯然，他是用一樣的方法來對待她周圍的這些姊妹的。但她並不想拆穿他。畢竟他們之前也是非常快樂的。他當初也願意爲了她切斷跟所有妹的聯絡。他當初的那份決心她沒有忘記。

正當璟嵐正在考慮姊妹們的建議，想要主動跟他聯絡的時候，璟嵐接到一個晴天霹靂的電話，爸爸出車禍，現在在醫院加護病房，已經被宣告病危。璟嵐慌亂跳上計程車趕往醫院，路上不忘趕快傳訊息給他：「本來想打給你，現在我爸車禍病危，我現在要去醫院。」

璟嵐趕到的時候，爸爸已經過世。看著病床上躺在那裡蓋著白布的身體，她覺得這一切很不眞實。早上還和爸爸聊晚上吃什麼，爸爸還說中午要去菜市場買自己最愛吃的竹筍和荔枝，怎麼現在卻變成白布下什麼都感覺不到的屍體？爸爸給的愛從來都是默默支持。要說璟嵐爲什麼可以這麼獨立而有安全感，很大部分原因是來自爸爸無私的疼愛和包容。爸爸曾經說過，他只想把每天當最後一天來過，所以，他很寵愛媽媽和她。努力工作讓家人過得幸福，爸爸就覺得知足。想到這裡，璟嵐收起眼淚。她不想讓爸爸擔心。她知道，爸爸一定會說，那個撞他的人不是故意的，不要怪他們。爸爸說過，恨一個人，最不好過的其實是恨著那個人的自己。

在靈堂守靈的幾天，他都沒有出現。那封訊息還是未讀，姊妹們也沒能聯絡到他。璟嵐看著爸爸的照片，溫柔的眼神、挺拔的身姿，她感覺爸爸似乎還在自己身邊。看著那條未讀的訊息，環嵐的心不再像以前那麼糾結。她覺得一定是爸爸冥冥中在保護自己。她拿起手機，把他所有的聯絡方式全部封鎖刪除，她的心裡一陣輕鬆。

爸爸的走，讓環嵐明白：雖然沒有不分離的關係，但總有真正值得珍惜的人可以留在心裡。

關鍵詞：救贖

人生就是一場旅程，
在這個旅程裡，腳步只能跟著歲月走。
父母、時代、環境、個性……
有多少是可以選擇的？
宿命論的人說：從我們生下來，就是命定了。
嬰兒的時候，有大人們照顧。
餓了渴了，不舒服了，只要哭喊討愛，就能得到回應與解決。
再大一點，會走路了，

開始學著自己面對、自己處理。
終於變大人，以為一切都可以在手中掌握，
結果遇到的盡是痛苦、難題和困惑。
誰能來救？
期待救贖，於是想回到愛裡尋找。
找愛，去愛他人，
愛便成了一種救贖。

星座與愛情：

金星水瓶在感情上喜歡保持一點距離。開心的時候陽光滿面，難過的時候寄居神隱。獨處是金星水瓶唯一的叛逆、是他情緒的出口。因為大部分時候的金星水瓶，是照顧大家的，他會無私奉獻，盡心負責。

金星水瓶喜歡當朋友的及時雨。在你最需要的時候，只要召喚一下，他可以臨危授命、使命必達。當然，金星水瓶比一般人有個性，難以拿捏相處的默契，但有時候也更正面、包容力更強。

金星水瓶是可以搜集的非常不錯的朋友。平常他們的黏著度不高，但是只要互相坦承和信任，在你最需要他的時候，他一定都在。誰說好好先生、好好小姐都是吃虧的無腦人，水瓶會告訴你：只要你値得，我的好都給你！當然，在感情裡，如果也想要享受金星水瓶這些特質的話，就要在享受他優點的同時，也要包容他的個性：想法特別、喜歡逆向思維、喜歡幫助大家，愛情並不是她的全部。金星水瓶柔軟、耐心、細心，也堅定、有格局、有行動力。這麼內外兼具、又難以收服的個性，也只有包容力強大、懂他好的人可以接受。

愛情送分題：金星水瓶喜歡親近大自然，心境開放友善、還有古靈精怪的有趣靈魂。金星水瓶有獨立的想法，在人群中可以顯現出獨有的魅力。

給金星水瓶的建議：金星水瓶座蠻常說違心的話。所以跟金星水瓶座相處久了，有時候不容易知道，他的哪句話是眞話，哪句話是逢場作戲的話。能看透別人的心思，然後順著別人，這是金星水瓶最厲害的地方。所以，覺得跟金星水瓶座投緣，被他吸引，想要百分之百的相信他的話，就離受傷不遠了。

當然金星水瓶並不是故意想要傷害、欺騙人。只是他需要冒險、自由、空間。所以習慣在感情中僞裝自己的眞實想法。他也會默默的期待有人可以無條件對他好，讓他可以放心的做自己，不用再僞裝。當然就算有這樣的想法，金星水瓶座也知道這樣要求別人是過於理想化。哪有人可以天天被無條件的愛著呢?水瓶座心裡其實很清楚這一點。也因此變得容易負面和憂鬱。

故事裡璟嵐就找了一位一樣特立獨行的男生。雖然交往前,她就知道男生對性和親密的觀念是跟傳統想法不一樣的。男生容易不安於室,雖然這一點,作爲金星水瓶的璟嵐完全能感同深受,她懂得那種感覺生活枯燥乏味的心態。當她發揮了金星水瓶「博愛」的精神,想要透過自己來「拯救」和改變對方的時候,男生果然耐不住寂寞,回去他那個所謂自由,但事實是貪圖玩樂、不負責的世界。事實證明,璟嵐當初想要「救贖」他的想法是相當天眞的。

這裡要注意的是,金星水瓶最不缺乏勇氣,面對挑戰可以理直氣壯、一氣呵成、氣場十足。他們不怕踏出舒適圈、不怕別人異樣的眼光,但是就怕沉重、讓他感覺緊張、價值觀不同的人。然而,生活很多時候是一成不變的:周圍的人際關係照舊、那些雜事碎事依舊,另一半的個性也是很難改變的。

金星水瓶希望不要貼標籤,尤其在感情裡,他希望過去的即是過去的,只要現在可以及時改變、互相扶持,對生命抱著挑戰和突破的態度,未來的生活就是可以期待的。因爲對金星水瓶來說,不改變就是自我毀滅、是一種災難。不過,周圍大部分的人不能接受頻率過高的改變也是事實。大部分的人都有自己的生活習性,沒有足夠的動力,就會維持原本的習性,甚至故態復萌。這些一般人有的心態,金星水瓶也是需要清楚,以免讓自己期待越高、失望越重。

三個糾結：

(1)認為辛苦努力才能幸福，也是一種固執的逃避。

(2)陷入自我情緒困境時，很容易在關係裡演獨角戲。

(3)關係親密，不代表兩個人就能同心。

三個成長：

(1)願意面對自己的處境，才能杜絕利用我們的人。

(2)付出之前，也要衡量自己的能力。

(3)在確定關係前，先學會判斷自己需要什麼樣的感情。

故事的後面：

愛情裡，一個人無法救贖另一個人。靠自己的力量改變別人，這種想法，動機很好，但非常不可靠。想要改變別人有幾個條件：一，你眞的有這樣的耐心嗎？二，對方準備好要被你改變嗎？三，你在對方的心裡有話語權嗎？想要改變別人的行爲，通常會被看作「控制」。這個想法大多數都無法在親密的人之間推行出去。

那是不是可以先改變自己，進而來影響、改變另一半呢？答案是一半一半。只要不是跟自己有關，就會失去控制力。

故事裡璟嵐以爲，只要她願意包容男生以前的荒唐行徑，就能換來對方愛的信任。結果證明，愛和信任都換來了，但只是一點點。當璟嵐太過於專注在自己的事情時，對方的愛很快就會改變，信任感也大幅降低。原因不是因爲璟嵐陪男友的時間太少，而是璟嵐根本無法徹底改變男友。當男友對她父親車禍過世的事不聞不問時，再次證明，自私、貪圖享樂、習慣不負責的人，就算遇到包容他的眞愛，也很少能浪子回頭金不換。

當璟嵐認知到這一點時，就能卸下「聖母大愛救贖」的心態。想要一個安心的關係，這個人可以特立獨行、可以有反傳統的先驅精神，但他必須「思想獨立、有清晰的頭腦、對自己的言行有及時的覺知」，這樣的人在強調自我的同時，才不會打著「自由獨立」的藉口，做貪圖享樂、自私自利的事。

Story 24 金星雙魚座

欣賞：感覺到安全感，卻感覺不到愛？

當第一滴雨從高高的雲朵墜下，落到行人頭上，地上的傘便一朵一朵開花。很快，雨越來越大，雨滴用千軍萬馬之勢傾瀉而下。行人也加緊腳步趕著回家。街邊的燈好像傍晚的星星一盞一盞亮起來。外面大雨磅礴，密集的雨聲正在沖走心裡的膠著，雖然那些問題和焦慮還在，但回家，眞好。

靜宜今天開始，正式成爲這間廣告公司的員工，跨行進入廣告業。雖然隔行如河山，但廣告公司超級忙她是知道的，她就是爲了做喜歡的事，才來這裡挑戰自己。進來之後發現，何止是忙！要應付的條條框框極多，應付對創意也非常有意見的大客戶就已經頭很痛。而那些不知道自己要什麼，但是有很多想法的客戶更是很難溝通。本來熱情滿滿的她，不到半年，就被摧殘的沒有人型。最後能鼓勵自己的，不是什麼職業理想、設計才華，而是存款數字。

這有點糟糕！靜宜開始警覺起來。她知道，工作就是工作，經驗告訴她，一旦自己被工作摧殘的跟殭屍一樣，那就是自己的心態有問題了！靜宜覺得，父母爲自己培養出來的強有力的反思精神，是現在職場上最核心的競爭力。很多人不成功不是輸在能力上，而是輸在心態上。所以，及時的自我反思和調整非常重要。

不得不承認，最近幾個月這麼容易敏感，一點挫敗就被擊潰，最大的原因是因爲感情出了問題。在靜宜換工作之前，他們原本是同事。剛換工作的時候，他還會常常來公司接她，陪她吃晚餐。她會聊聊新工作的狀況，他也會說說最近發生的事，彼此也會說一些想法給對方參考。

但，最近他來接她的次數越來越少。一開始她並沒有很在意，偶爾還會有種如釋重負的感覺。靜宜習慣在忙碌之後，給自己留一些獨處的時間，做些喜歡的事來紓解壓力。不過，有一次加班到很晚，她有點累，更多的是很想他。臨時打給他，希望他來陪陪自己。他拒絕了。他的理由是，他有別的事，下次想見，要記得事先講，這樣他好安排時間。靜宜愣住了：男女朋友之間還需要特別約行程嗎？沒有特別約就不能見面嗎？而且連閒聊都可以省略了？

在靜宜的記憶力，只有男朋友一直追著自己跑，問東問西、聊天聊地。先來找的永遠是他。開啟話題的也是他。怎麼現在變成這個樣子？找不到人，也聊不到天，更見不到面？她覺得自己在被他冷處理中。

靜宜不知道該如何面對這份感情。她記得第一次見到他的時候，自己還是一個新人。大學剛畢業就很幸運進入大公司。入職第一天，當靜宜踏進公司的那一剎那，她特別的迷茫。公司這麼大，事務這麼多，要從哪裡學才能盡快找到自己的位置呢？這時候走來一個個頭不是很高的男生。他是負責在新人訓練期間一對一帶她的導師。了解之後發現，他是自己同校的學長，進公司剛滿一年。接著這份校友情，讓他們很快就混熟。

那時候靜宜非常佩服學長。他對事務的看法很有邏輯。從公司的歷史、發展背景，到產業的格局分布、全球戰略，再到公司的人事關係架構，再到工作經驗，他會很有耐心、鉅細靡遺地分析給她聽。靜宜也是一個很有想法的女生，問題特別多。

漸漸中午和晚上下班時間，靜宜也會跟學長一起吃飯，順便聊聊工作、產業、公司人際關係的事。而且，學長不僅有嚴謹專業的一面，也很有幽默感。雖然身材不夠高大，穿著也有點古板，但是他總是帶著爽朗的笑容，再配上一雙炯炯有神的大眼睛，整個人就變得特別精神有力量。

那天週五晚上，他們一樣一起吃晚餐，還點了一點紅酒。每週五晚上來這間配有現場演奏的 lunge bar 已經是他們的習慣。這裡的氛圍、美食、音樂，總能趕跑他們一週累積下來的疲倦。當靜宜沉靜在女歌手慵懶而優雅的歌聲裡時，學長突然說一句：「我們交往吧！」恍神中被學長突如其來的提議驚醒，靜宜沒頭沒腦問：「為什麼？」學長坐直身體，很認真說：「因為我們在一起做什麼都很舒服，而且我們還很聊得來，不是嗎？」靜宜想想也是。但是比起大學自己愛得死去活來的那個前男友，學長身上還是只是少了點什麼，她沒有那種心動的感覺。

接下來的時間，學長找她的時間更多。週末陪她遛狗，工作時候幫她搜集資料。常常幫她帶水、買零食。每天還會上下班接送。而且大學時候轟轟烈烈的戀愛有點嚇到靜宜。靜宜想，或許像學長這種細水長流的關心才是愛情應該有的樣子吧！這樣被溫情對待了一個月，一次在公園遛狗的時候，學長再次跟她告白。「靜宜，我很喜歡我們現在這樣的狀態。工作、聊天、生活，這些節奏我們都很合拍。我們交往吧！」學長的笑容在那天下午特別的動人。靜宜也覺得，這樣靜靜地過日子很好。

就這樣，他們交往了四年。雖然中間也有爭吵，但也都不是什麼價值觀上的大問題。靜宜一度以為，自己過兩年就會嫁給他。但，他現在不一樣了。他不再是那個隨時都能依賴的學長。他對她開始有所保留，而且還畫出明顯的界線。她感覺不到他對自己的關心和欣賞。他的改變讓靜宜覺得，這段感情不容樂觀，一切的跡象都顯示著：他正在用一種方式跟這段感情做最後的告別。

晚上，靜宜做了一個夢，夢到學長一如往常一樣溫柔牽著她的手在公園散步。學長依然跟往常一樣，先開口聊天：「妳還好嗎？我會想妳。可是如果我去找妳就太自私了。交往這麼多年，我越來越清楚，妳其實不愛我。妳把我當作可靠的男友，我很感激。但我更希望，有個人能讓妳心動。他的存在能給妳更多的力量，有源源不斷的勇氣去對目前的生活發出挑戰！妳是個很棒的女生。不要爲了所謂的安全感，放棄心裡想要的愛情。」學長說完，把牽狗的繩子交給她，然後就消失了。這個公園突然變得很大，像陌生的熱帶雨林一樣恐怖。靜宜驚慌失措到處尋找，害怕地邊哭邊喊學長的名字……

被這陣害怕驚醒，眼角還掛著淚水。傷心了好一陣子後，發現原來這是一場夢。靜宜拉開窗簾，看看外面濃厚的月色，問自己：這是夢嗎？還是自己不願面對的現實呢？到底什麼才是愛的感覺呢？

關鍵詞：欣賞

我是那樣欣賞他，以至於熱烈地愛上他。

我欣賞他的一切，欣賞他的美、他的線條、他的陽剛、他的氣味，想像他的溫柔體貼、他的氣質有內涵、他的熱情擁抱……

欣賞一個人，

有多少是基於對一個人的了解？

有多少是來自自己的想像？

當關係新鮮，對方的一切都是值得令人欣賞的。

而日久天長之後，有多少欣賞還能留在心裡不褪色？

欣賞這個詞很詭譎，

我們可以欣賞一個物品、一處景色、一種文化，

也可以欣賞一個人、一種品質、一份態度。

看來，欣賞不只是因為對方某種的美好，

更多跟自己的心態有關。

當心裡多一份愛，

這個人、這份關係、這個世界，就值得欣賞。

星座與愛情：

金星雙魚有兩個面向。一面的他愛做白日夢。這時候的他柔情似水、夢幻魅力，有憂鬱情結，期待專屬的浪漫。他期待自己的戀人魅力四射、多情有趣，對他心有所屬、關心備至。金星雙魚愛做夢，是因爲在夢中，他可以任性釋放心裡壓抑的慾望。

當然黃粱一夢、回歸現實最空虛。金星雙魚很清楚這一點。所以，他會保留另一面的自己。他很清楚自己在情感上沒有什麼判斷力，什麼人來追他，只要那個人夠照顧他、看起來夠溫暖，他都願意試試看。但，經過幾次戀愛，金星雙魚也知道，感情的新鮮感和熱戀期總會過去。等進入穩定交往階段，戀情就會回歸到不解風情、枯燥乏味的生活中。

金星雙魚在外面是一個非常嚴謹的人。不要看金星雙魚平常柔情似水不太講話，其實他是在默默地觀察周圍的人和環境。在什麼環境下說什麼話，跟什麼人做什麼事，雙魚是有自己的一套準則的。這套評量標準一般人是無法介入的，也就是說雙魚雖然容易猶豫不決，容易被動，但他有自己獨立的想法並且願意堅持自己的想法。

基於金星雙魚在意別人，也在意自己。對於感情，他就非常希望可以獲得一個可以卸下盔甲的家。因爲他知道只要回到家，自己就再也不用思考別人的觀感和想法。想哭、想多愁善感、想耍廢、想獨處，在這個家，在另一半面前怎麼做都可以，這是金星雙魚想要的愛情。

愛情送分題：金星雙魚習慣奉獻、付出，與人親近、善於接納人，想法開放不固執，溫柔似水、恬靜，擁有明星般的魅力。

給金星雙魚的建議：金星雙魚。對感情是非常保守的。如果他認定一份感情，就算是出現一個更優秀一百倍的人，他也會信守承諾、毫不考慮，死守承諾。而且，如果這個承諾有不倫戀的傾向，金星雙魚也會握在手中不放。他願意留在對方編織的故事裡默默等待。

由於金星雙魚個性是非常浪漫的。很多事情只要夠浪漫，那麼就可以從不同角度去理解，因此，他不會鑽牛角尖，更多時候也會忘了原則的重要性。喜歡沉浸在浪漫中，但又會爲之付出代價，這一點金星雙魚就要小心。

除了浪漫，金星雙魚對有理想、有異國情調、有信念的人完全沒有抵抗力。遇到這種魅力十足的人，雙魚一心只想靠近、最好是可以霸佔爲己有，就算是飛蛾撲火也想要試一試。畢竟能讓金星雙魚看得上的人，眞的少之又少。千年難得一遇的機會，他們怎麼會放過呢？

三個糾結：

(1)只看自己想要的，就看不到對方的優點。

(2)在關係裡，不是只有強烈的感受，才能構成愛情。

(3)只仰賴默契，無法讓愛情長久持續。

三個成長：

(1)在關係裡，能好好欣賞對方的美好，就是愛。

(2)互相支持對方的成長，是愛情的一部分。

(3)平和舒服的陪伴，是生活裡最真實的愛情。

故事的後面：

巴勃羅·聶魯達的詩句，送給你和你註定需要緊密結合在一起的人：

「我們的愛像曠野中的深井，在那兒，時間注視著蜿蜒的閃電。我們的睡眠是一條祕密通道，風從裡面送來蘋果的香氣。我抱著你，就抱住了一切——天鵝、火山、礁石、喝著月香的楓樹、火焰愛著的麵包。在你的生命中，我看到一切都是活著的。」

愛情是感覺的碰撞，更是兩個人生活的總和。只看自己想看的，就看不到對方的眞實面向。在關係裡，不是只有強烈的感受，才能構成愛情。只仰賴激情是無法營造長久而美好的關係的。

故事裡當靜宜和男友的熱戀退去，各自回歸工作和生活的時候，他們感情的紐帶很輕易就會斷裂。當靜宜了解到，戀愛的魅力不應該是在危險的邊緣地帶玩浪漫的愛情遊戲，而是在生活裡的互相融合，就可以從猶豫不決的情緒中走出來，勇敢遠離不適合，甚至會傷害自己的關係。

好的愛情，就是兩人相遇，然後想要一起變得更好。當兩個人的生命交匯在一起，雙方的存在會喚醒對方的某些課題。如果能撐過爭執、對立，上升到理解和包容，幾番風雨後，就能經營出穩定的感情關係。總有一天，可以帶著輕鬆的心，與某人一起，看生命、看世界、看自己。

Twelve Constellations

星座屬性

The 32 keys of Love

Story 25 火象星座

享受：見光死

謙卑、溫和、親切、木訥、理性、敏感、自信、安靜……不管什麼個性的人，只要靠得夠近，就能發現共同的一面：每個人都覺得自己不夠好。或許曾經有過這樣的感受，或許正在發生，總之，大家似乎容易忘記自己的獨一無二，只想要當一個「夠好的人」。

聽說前男友已經交了女朋友，芸芸心裡還是覺得難過。那個女生看起來很不錯，感覺蠻適合他的。而且他們站在一起，看起來就是那麼的協調，很像在一起很久的情侶。雖然，芸芸理性上這樣說服著自己，但她還是能明顯地感受到自己心裡的痛楚。

芸芸知道自己跟他不適合。他需要一個更有活力的人，讓他感覺到有動力。可是自己是一個不太容易開心起來的人。而且，那時她的工作已經處於瓶頸期，自己的努力別人看不到，已經很悶了，哪有可能給男友更多的鼓勵呢？

一直以來，芸芸都覺得自己是一個隨時可以被替代的人，做任何事都有可能被取代。所以，她工作非常願意吃苦，別人避之唯恐不及的，她都衝到最前面。但這個行業實在是太現實。除了努力，運氣、背景、人脈，經驗更重要。久而久之，芸芸雖然吃了不少苦，但沒有什麼人願意看到她的努力。直到現在，自己還是那個微不足道的存在。連男友都覺得自己笨，因爲一點小事就分手。這才分手沒有兩個月，新女友已經被公開。大家紛紛在祝福。只有芸芸一個人在角落，覺得自己什麼都做不好：感情做不好、工作做不好、個性不夠好……

自從前男友公開跟新女友交往後，芸芸有遇到他幾次。他會像以前一樣關心她，而且自己對他還是有感覺。前男友是一個很眞實的人。他會照顧到身邊的每個人、每件事，大小事都會處理到完美。而且他對每個人都是用同樣的心態看待，不會阿諛奉承，也不會傲慢自大。在工作非常競爭的環境裡，他堅持自己的原則，還熱心幫助別人，這樣的能力讓芸芸非常的佩服。而且，前男友在生活上也讓她佩服。像是旅行的時候，他會帶幾本喜歡的書，聽風聲、看小鳥，欣賞周圍的風景。而自己卻只知道滑手機看八卦、查看郵箱。芸芸反思了一段時間，決心要做出改變。

她也想要活得眞實而踏實。

芸芸替自己安排了一次滑雪的行程。就是在這次行程裡，她遇到了一個男人。他非常有自信，在哪裡都能感覺到他的存在：走路帶風、說話擲地有聲、對選擇從不遲疑，還懂很多冷知識。他們認識的第二天，他就跟芸芸告白，他要追求她，他覺得她就是百分之百自己要找的女生。芸芸驚訝眼前這個男人的自信。「他了解我嗎？他知道我的各種缺點嗎？難道他喜歡當救世主？」總之，芸芸沒有把他的話當眞，自顧自在滑雪場練習滑雪。

看到芸芸不理他，他開始認眞的自我介紹，他是韓國人，出生在肯亞。他猜自己的年紀很有可能應該比芸芸大一輪以上，在美國開公司。目前單身。他請芸芸把假期的時間給他，讓他用行動證明他是對的人。幾天相處下來，芸芸確實覺得他個性很好——樂觀、可靠、溫柔、坦蕩。跟自己不自信、習慣僞裝、軟弱的個性完全不一樣。雖然他對芸芸的照顧幾乎要把她融化，但芸芸總有一種感覺，覺得，這份快樂不屬於自己。

旅行回來後，她開始測試這個自信的男人。她會故意挑釁爭吵、她會猜疑逼問、她會無故消失。是想要測試他的底線？還是想要測試自己是不是眞的幸運？她不知道自己爲什麼要這麼做。這個男人會不會發現自己並沒有表面看起來那麼好，然後一樣選擇離開？

雖然她習慣僞裝，當一個大家喜歡的人。但她很清楚，自己不想要就這樣一輩子僞裝下去。尤其是感情，裝久就會出包，何必再像跟前男友那樣，累到力不從心外加自取其辱呢？

她不想像小時候哄著媽媽一樣，去哄任何一個人。爸媽從她小時候感情就很不好。媽媽總是對著常出差的爸爸歇斯底里。後來他們離婚，雖然爸爸離開後對她還是很好，但後來他再婚之後，又有了一個女兒，他們的聯絡就變少很多。而媽媽好像永遠無法從離婚的陰影裡走出來，每天哭，身體也很不好。芸芸只好肩負起照顧媽媽的責任。她覺得自己不只是媽媽的女兒，更是媽媽的媽媽、媽媽的老公，還要裝出女兒的樣子，哄她開心。雖然做這些都是她心甘情願，但她不快樂。

「跟我結婚吧，讓我給你幸福。」男人聽完芸芸的話，溫柔地說。

一股暖流從心裡流出，芸芸很感謝老天讓自己遇到這個男人。但她還是搖搖頭：「不行。我不能放著我媽媽一個人不管，跟你去美國。你也不可能放著公司不管，陪我在這裡。你這個想法一點都不實際。」

沒有一個人可以給另一個人幸福。只有靠自己的努力拼出一番成就、拼出自信，才會眞正感覺到幸福。這種自信是別人給不了的。

芸芸眞的想要活得眞實而踏實，這一點她沒有忘……

關鍵詞：享受

你享受現在的關係嗎？
一個人、暗戀、曖昧、熱戀、穩定，你現在是在哪個階段呢？
感情關係很奇妙，
昨天還暗下決心要分開，
今天又覺得自己是幸福的。
人總是很難滿足，
要真的享受一份關係，不容易。
不過，生活願意給我們方法。
一盤簡單的愛心早餐，
一句及時溫暖的關心，
一個深情確定的擁抱，
……
生活中發生的瑣事，就能給我們享受愛情的空間，而且，越努力生活的人，越能得到豐厚的回報。

享受是一種心境。

沒有心虛、怠惰、取巧的心，才能眞正享受美好的愛情。

星座與愛情：

火象星座包含：牡羊座、獅子座、射手座。這些星座本來就習慣獨處，獨來獨往又神經大條。火象星座在外面做事、交朋友，是要看效率的。好玩的是，他連談感情也是很講究效率。大部分人會勸解火象星座，談感情不要那麼衝動，想好了再去投入也不遲。但是，很多人都不知道的是，火象星座想要快速認定一個人，是他願意在最開始，把自己喜歡的人，往好的一面想。

火象星座要對一個人產生歸屬感，是很不容易的。他認爲，只有自己才眞正清楚自己的心裡在想什麼。至於別人，多好的關係，有可能都有隱藏和未知的一面。雖然他容易與人快熟、甚至快速進入交往階段，但要他眞正的交出眞心，需要很長的一段時間。在感情中慢熱的部分，可能連火象星座本人都會忽略。

習慣保持一點社交距離的火象星座，如果你喜歡無時不刻黏著他，只能讓他覺得不被尊重。

而且，一旦有人刻意想要黏他，無論這個人對他來說多麼有吸引力，他都會保持三分警惕、保留三分後路。火象星座認爲，兩個人要來電，一定是要有話聊、聊得來，最好理念還很合，這樣一來可以減少價値觀的磨合，不會損耗掉他的耐心，這樣也比較有安全感。

但是，感情本事就是一個多變的情緒。今天聊得來，不代表明天情趣相投。這種一遇到感情，心裡就同時住著「情意綿綿的瓊瑤」和「理性到極致的法官」兩種人格，簡直會讓他人格分裂。而且，火象星座覺得，好的感情要先經得起考驗。比如，對金錢的看法如何？如果這麼現實的問題你也可以獨立接招、不驕不躁，對他來說就加分。

愛情送分題：火象星座積極正向、主動、有勇氣、有肩膀，也有被討厭的勇氣。火象星座直接、簡單、不做作，是傻得很可愛的好對象！

給火象星座的建議：火象星座容易衝動，也很難隱藏情緒。但，他的理由是，如果可以用別的方法解決，他也不想跟別人有什麼摩擦。這是因爲，火象星座思維比較直線條，不會拐彎抹角去思考。他不是沒有忍耐，而且忍耐功力一流，但直線條的火象星座，習慣在吞忍情緒的時候不抱怨，不想讓別人看到自己失態，也不想讓別人爲難，一心想著要自己扛。但期待別人跟自己有默契，就是一種控制慾。有了這層壓力，哪裡還能享受愛情呢？只要出現一點不公平、不被尊重，火象星座就會失控。

這裡要注意的是，火象星座不要過度忍耐，也不要過於俠腸義膽。感情中的相處，重在交流。一個人扛的苦，對方不一定能馬上了解。但如果把忍耐當作可以爆衝的藉口，就眞的太不成熟。

故事裡，芸芸小時候對她的媽媽就處於過於忍耐的狀態。當女兒、當老公，這種壓力壓在一個小小的女孩身上，會對她長大後的愛情觀產生負面的影響。當然，芸芸的抗壓能力因此很高。但是，對於情感、情緒的處理，因爲都是靠自己摸索，還處於不成熟的狀態。因此，她在跟前男友相處的時候，總是無法成熟把握情緒，容易遊走在自卑和孤獨中。

火象星座佔有得天獨厚的優勢。當他遇到一個感覺還不錯的人時，是願意打開心去迎接機會、去行動的。遇到自己喜歡的人就有勇氣去表達自己的感受，願意去追尋心裡的期待，這是其他星座可以學習的部分。

愛情需要一個追尋的過程，只要火星星座願意穩一點，就能減少心裡受傷的機會。當然，火象星座不會因爲受傷就裹足不前。在感情中，如果可以稍微把自己拉得穩一點，就可以維護火象星座心裡的信任感和安全感，才有機會成就好姻緣。

三個糾結：

(1)忽略照顧對方的個性和感受，兩個人很容易想的不一樣。

(2)只有共同目標，是無法維護好愛情關係的。

(3)了解對方的生活步調和喜好，不代表了解對方內心的渴求。

三個成長：

(1)兩個人在一起，享受生活的同時，也要關注對方的感受。

(2)兩個人之間的愛情，是需要常常去維護的。

(3)愛情裡，生活磨合，互相了解，知道對方正在想什麼，才有機會去享受這份感情。

故事的後面：

故事裡，當芸芸安排了旅行，花時間沉澱心情之後，才能有多的心理空間來消化積累的情緒

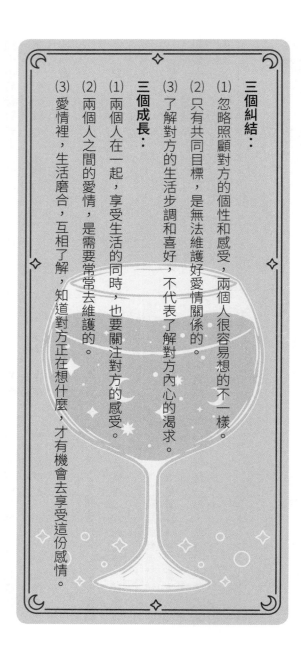

和感受。當她可以成熟看待自己的經歷、問題和情感需求的時候，她對自己的判斷也能變得有信心很多。

當芸芸遇到成熟一點的情緣，她嘗試著透過各種互動來檢驗自己的想法。這是她建立自己安全感的方法。方法雖然有點青澀，也是她對自己比較有信心的表現。後來她決定面對現實，既然她這麼在乎自己的媽媽，就不能因爲感情而違背自己的初衷和責任。後來她勇敢地選擇放棄這段新萌芽的感情。這次的選擇，讓她的信心再一次在情感中完整的展現。

芸芸這麼有勇氣在生活中做各種嘗試，這是令人欣賞和敬佩的。只有在愛情中勇於面對自己的需要，才能眞正享受美好的愛情。

享受愛情就是幸福的進行式。

什麼是幸福呢？希臘哲學家亞里斯多德把「幸福」當成是自己生命的終極目標。他認爲，人一生最終極的追求就是幸福。愛情是幸福中不可或缺的一環。亞里斯多德提出，「我們需要在經驗中去掌握一種適合我們的『黃金比例』：勇敢的人不魯莽也不會膽怯；謹愼的人既不會衝動也不會麻木不仁；慷慨的人既不會吝嗇也不會浪費。」這個觀念也許能幫我們找到享受愛情的鑰匙。

Story 26 土象星座

互補：親情系曖昧

血緣的連結是最堅固不可取代的關係，但也把人與人之間的關係隔開。而有一種人一出現，會讓人驚訝：我們怎麼可能跟他未曾謀面？無論從長相氣質到言語習慣，簡直從出生就應該是一家人嘛！原有的陌生感，透過這種「是我族類」的氣息傳遞過來，迅速轉換成充滿好奇的刺激，兩個靈魂就此被牽引在一起。

本來以爲再也不見。

他不告而別後，婷婷只允許自己痛哭一個中午。接下來的日子，就鼓勵自己好好工作。她的這次改變，連同住的妹妹都感覺非常不可思議：「這不是我認識的姊姊啊！前面幾年跟他分分合合，妳不是都哭得撕心裂肺，幾個禮拜都跟行屍走肉一樣嗎？而且，上次鬧分手，妳還頹廢到辭職！這次怎麼不一樣？是眞的下定決心要跟他分了嗎？」

經過妹妹的這番大呼小叫，婷婷總結出一句話：**眞正的別離是不會說再見的**。是啊！因爲決心離開，所以提醒自己，生活要照常過下去，該努力的一定要繼續努力，該放下的就不要再放在心上。既然覺得一去不復返，何必浪費時間？

看著自己的改變，婷婷總算明白，成年人的成長，是悄無聲息的一夜轉變。這半年來，專注在工作和自己的興趣上，婷婷覺得自己變得快樂很多。

不得不說，這種快樂是一種自覺覺醒式的獨立帶來的福利。內心的快樂不再依附在和任何人的關係上。獨立不是強勢控制，而是緩慢安穩的轉變。了解自己，不是爲了塡補空虛，而是什麼都不做也能心安理得的過日子。婷婷覺得這樣很好。反過來說，還要感謝他的離開。沒有他的觸動，哪會有足夠的動能推動自己變成熟呢？

結果，當婷婷沉靜在自己的小確幸裡，覺得歲月靜好的時候，她又收到了他的訊息：「最近好嗎？可以約妳喝咖啡嗎？好久不見。」婷婷看著手機封面的訊息，她沒有打開已讀。哼，又來這一套！她提醒自己，這次絕不上當！

忙了一整天終於到家，攤在沙發上，婷婷想到早上收到的訊息。白天的那種篤定不見了。她有點想他。她想看看他現在在做什麼？想知道那天爲什麼他要不告而別？想問問他，自己在他心裡到底是怎樣的存在，為什麼總是要離開又回來？半夜絕對是一個人最軟弱沒主見的時候。她鬼使神差打開訊息，只花了一秒來猶豫就回了訊息：「好啊！明天中午吃飯時間ＯＫ。」訊息被秒讀，看來他等了一天。

見面沒聊兩句，他就說她變了。想法變得比較穩重成熟，整個人看起來放鬆不少。婷婷笑一笑什麼也沒說。她懶得陪他演戲，你一句我一句，好像這半年來什麼都沒發生一樣。她來之前就決定單刀直入，不翻舊帳，但必須讓他面對該面對的。

「你那天怎麼不說一聲就走了？不是說好了，就算不想在一起，也不要什麼都不說就消失嗎？」婷婷聲音很輕柔，就像問他早上吃什麼早餐一樣。

「我當下覺得妳很任性，完全不知道我有多努力，對你付出有多少。怎麼想怎麼難受。跟妳說的話，妳又會覺得我很小氣。說實話，我也不知道該說什麼。覺得讓妳花點時間去思考，這樣也好……」

他說得頭頭是道，但婷婷還是覺得這些理由都是他用來自圓其說安慰他自己的陳詞濫調。懶得再吵——我才沒有任性，配合你這麼多還叫任性，你也太自我了吧——婷婷反射式地把想說的話在心裡說了一遍，不過這次她沒有說出來。算了！既然他不願意多花時間了解，講了也白費口舌。只會變成另一場無聊沒重點的爭執。而且他現在不知道是什麼原因，不負責任消失半年後又出現，沒有必要把他看得那麼重要、更沒必要因爲他的一字一句去較眞。婷婷選擇了沉默。

「晚上我來公司接妳。」他鍥而不捨。婷婷點點頭，反正今天下班也沒什麼事，她想看看他到底要做什麼。

下班後，婷婷被帶到市區中心邊緣，一個鬧中取靜的社區。他們就這樣漫無目的並肩散步。這個社區房屋的密度不高，鑾多大樓還在銷售中。還有一條街都是門大院闊的私人庭院別墅。有一間看得出來，庭院主人應該是從北美回來的。經典的設計讓人有種來到美國郊區的感覺。還有一間有濃厚的東南亞民宿風。木頭、金漆、銅鎖，透過牆壁還能聽到裡面水流汩汩的聲音。婷婷和他就這樣一個街區接著一個街區的繞來繞去。雖然他們什麼話都沒說，但那種熟悉的感覺還在。

第二次繞回那間預售屋前面的水池旁，他把手搭在她的肩上，低頭吻了她。婷婷一樣感覺得到自己的心快跳出來了。這說明，自己對他還是有感覺。但問題是，跟前面幾次吵架一樣，他們就是這樣，從接吻開始達成默契再復合。現在不會又重蹈覆轍吧！這次猛烈的心跳並沒有衝昏婷婷的頭腦。她允許自己享受片刻的心跳後，把他推開了。婷婷什麼話都沒說。她甚至也沒多看他一眼，直接轉身離開。任他杵在那邊喊：「你要去哪？」

「拜拜！我要回家了！不要再來找我！」

婷婷在剛剛被吻的一瞬間發現，就是因爲自己跟他太像，她很清楚知道他在想什麼，所以總會找各種藉口替他打圓場，每次都原諒他自我又自私的行爲。而且，就因爲自己跟他太像，在潛意識裡，她總覺得兩個人不管怎麼分分合合、不管他對自己再怎麼自私任性，她都應該要跟他在一起，因爲好像命中注定就應該要這樣，他們應該要在一起。

「但是，誰說我一輩子都要被他這麼不尊重的對待！」婷婷終於領悟到，人生是自己選擇的。那個所謂冥冥中注定的事，只是來幫自己上一課。而這輩子何去何從，她完全有充分的自由，爲自己做任何想要的選擇。

這一次，她想要一個完整的自己。

關鍵詞：互補

能產生吸引力、產生愛情的源頭，一種是互補，另一種是找到同類。

在我們潛意識裡，找伴侶，總會從這兩個方向去思考可能性。

缺乏某一種特質，自然就很希望能擁有那種特質，

當遇到擁有那種特質的人，就會特別欣賞對方，在互補中感覺到安心。

但是，在貪圖對方擁有自己沒有的，產生欣賞和安心的同時，
把關係落到生活日常中，很容易出現對立的狀況，
互補的另一面就是完全不同。
這時候，因爲期待溝通和陪伴，我們又會期待兩個人是同頻率的。
感情就在這矛盾中成長。
契合的感情關係，需要動態的平衡，
能互相影響，也能互相保持獨立，
互補、同頻率都是其中一環，
而且能在這中間找出某種默契，
愛情就是美好的。

星座與愛情：

土象星座包含：金牛座、處女座、摩羯座。這些星座，沒談戀愛的時候很聰明，一個人可以當幾個人用，絕對超値。但是，談起戀愛來，就會變得小心翼翼。他覺得寧願發展慢一點，也最

好不要出錯，感情出現不可挽回的問題這對誰都不好。

土象星座能夠享受生活。他享受在生活中精打細算的成就感，也享受一個有品質的親密關係。因爲他容易胡思亂想，很怕感情超出他的把握和負荷，所以，細膩貼心、斯文優雅的人更能吸引他的注意力。

在感情裡，土象星座有自己的潔癖。他的堅持，別人無法一次就懂，他的無所謂，別人也無法一次就能明白。他偏執：不重要的，要放下；重要的，必須處理到完美。

平時土象星座分析和思考能力非常強，在一堆雜亂無章的訊息裡面，可以找到最核心和最關鍵的訊息，幫助他快速掌握狀況，準確釐清頭緒，做出清晰的判斷和決定。而在感情中，他也習慣用一樣的思維處理，慢慢反芻、慢慢感受，土象星座才知道自己的感受是什麼，才能依照自己的感受去進入角色，展開行動，慢慢打開自己的心。

總的來說，土象星座活得特別努力，他想要一份安心穩定，還能滿足一點小小虛榮心的關係。想要接近土象星座，就要多一點的溫柔、多一點的溫暖，而且要夠獨立、夠自信，才不會被他的倔強嚇跑。

愛情送分題：土象星座注重生活品質、專注力強，踏實、細心、勤勞。可以肩負生活的責任，也擅長享受生活的美好。是值得信賴的好夥伴！

給土象星座的建議：土象星座在職場上非常受歡迎，畢竟有穩定度的專業能力不是人人都有。而表現在感情中，他平常想法多，想得仔細。不過，要來回思考，他的精神也在不停的消耗，就顯得比較被動、質疑多、難做決定。他不是不急，而是面對感情，尤其面對心儀的對象，他會變得比較笨拙。

土象星座常常處在矛盾的思維中：看得透又不想面對，正統老派卻又帶點任性叛逆。他願意無私付出，替另一半著想，但又怕對方不領情，覺得自己管太多，還會再裝作一副無所謂，酷酷的樣子。所以，不夠細心的人，還眞的很難體貼他的用心和付出，導致他總是對另一半感覺失望。

故事裡婷婷就是一次又一次原諒男友，導致對方任性的時候完全不會想到她的感受。婷婷知道自己對一個人動心之後，很難放下。也許是習慣，更可能是念舊。但是費力不討好的感情，她還可以頑固不化地值守，不僅讓身邊的家人擔心，她自己的心裡也是傷痕累累。

土象星座刻在骨子裡的不樂觀，也導致他不自覺地焦慮。他無法清空大腦裡的各種想法。因爲他想要對感情負責，做一個自覺自律、有價值的伴侶。他容易把工作和生活過得太緊繃、太認眞，沒有喘息空間，越親近的人越會被他的緊張和壓力影響。記得要給自己獨處機會，做點喜歡的事，同時可以利用這個時間釐清心裡想法，就不會在需要選擇的時候，做出傷害自己的判斷。

三個糾結：

(1)只看到互補，就以為這是愛的全部，這會讓人過度期待對方的行為。

(2)兩個不一樣的人在一起，卻要用同一個標準來要求，就會縮小優點，放大缺點。

(3)在互補的關係中，如果看到「對方沒有而你有的」，你很容易認為是對方不思進取。

三個成長：

(1)互補可以是愛情的催化劑，當進入愛情關係的時候，不能只看互補的優點，還要看看整體。

(2)因為互補的兩個人在一起，就不能都用同一個標準來要求，還是要先欣賞「他有你沒有」的那一面。

(3)互補的兩個人有衝突的時候，一定要懂得換位思考。

故事的後面：

當投入愛情的時候，想要用付出來換得對方的眞心，似乎成爲理所當然的事。明天發生什麼事，誰也無法把握，但只要自己做得無怨無悔，好像就能獲得愛的歸屬。

傳說人類是雌雄同體，就像海馬一樣，可以自行繁殖。有一天，神決定將人分爲兩半，一半爲女人，一半爲男人，再把他們四散各處，各自不知道自己的另一半在哪裡。於是，人終其一生，就是想要找到他們失落的另一半，以求做回一個完整的人。

故事裡當婷婷了解到，自己的念舊是一種自我匱乏。在固守不適合的感情背後，是她不喜歡生活的一成不變。而她把男友的任性、不照顧別人的感受，看成是一種自由、自信。她的潛意識需要建構自己的自信和自我突破，但她把這種心裡需求投射到這段不穩定的感情關係中。再加上婷婷男友的某些特質跟她的家人很像，這讓她放寬自己的判斷。誤以爲這段戀情讓她可以在舒適區找到某種新鮮和動能。再後來婷婷的男友，不，是前男友又來找他，她直接回絕了。當她知道自己想要的是更好的自己，就不會把這個期待放在感情上去完成。這讓她變得更踏實、更自信。

愛情可以讓一個人更好，前提是，願意改變。先完整的看待自己，才能用健康的心態去選擇適合自己的愛情。

Story 27 風象星座

親密感：原諒的底線

沒有什麼過不去，總有人能溫暖你。能遇到懂你的人很難，能遇到溫暖你的人更難。好在，過去會告訴我們，將來該怎麼生活。喜歡會讓人放肆，但愛是克制的。

奧克蘭眞是一個很美的城市。漫妮已經習慣這裡的慢節奏。上大學之前，她每天都被各種學習行程追著跑，上課、上補習班、考試，好像稍微停下來一點，就會被老虎吃掉一樣。在亞洲的學生生活，簡直就是現實版的《飢餓遊戲》。但這麼辛苦總算是有點好處，漫妮刻意選了離家非常遠的奧克蘭大學，上飛機的那一刻，她發誓，一定要過上自己想要的人生。

也不知道爸媽怎麼想的。「為自己想要的人生而活」和「努力學習」為什麼會是對立的呢？一個人怎麼會在自己不喜歡的世界裡還能保持積極的心態呢？漫妮知道自己想要什麼，但是和爸媽之間的代溝，不只是不同世代的觀念碰撞而已，簡直就是勢不兩立的楚河漢界。

在奧克蘭大學待了三年，漫妮非常享受這裡自由的味道。她沒有因爲自由就急著去各種俱樂部打發時間。爲了向爸媽證明自己的選擇是對的，漫妮還是有好好上課、好好做研究。而且爲了持續在這裡待下去，她也通過研究所的考試。這就意味著，她還可以在這所大學天堂裡待一年多，再想工作的事。

暑假漫妮不打算回家。她想要在研究所開學之前好好遊玩一番。以後做研究、找工作，可以像現在一樣無憂無慮遊玩的機會不多了。幾個同學一拍即合，決定來一趟一個月的結伴旅行。漫妮這幾年在大學一直沒有談戀愛，一方面她對自己應付全英文上課和考試沒有信心。另一方面，她不太喜歡異國戀情。覺得人和人之間互相溝通已經很辛苦，再加上文化差異、種族差異，那不就是苦不堪言嗎？她這輩子都跟父母在溝通上做抗爭，才不想要一輩子這麼辛苦。

結果，他們班對可憐鄰居一個人在家過暑假，獲得大家的同意後，就帶著這位大男孩跟大家一起同行。他是標準的混血帥哥，因爲爸爸是華人，他的中文也很不錯。

漫妮立刻被這個氣質憂鬱的男生深深吸引。她對他的感覺是電影裡才有的那種豔遇般的一見鍾情。男生深邃憂鬱的眼睛看向她時總是帶著一股說不清的深情。漫妮太久沒談戀愛。他們之間的化學反應讓她不知所措。

早在高中的時候，漫妮唯一的好姊妹背著爸媽偷偷談戀愛。從他們曖昧，到後來在一起，漫妮一路陪著。看著姊妹戀愛，就好像自己也跟著戀愛一樣幸福。正當她很羨慕姊妹可以爲自己決定任何事、羨慕姊妹現在有一個疼愛她的男友時，悲劇發生了。那天姊妹帶著驚恐的表情，拉著她到一處沒有人的角落，偷偷告訴她，她懷孕了！漫妮嚇得全身都在抖。她建議姊妹跟爸媽坦白。姊妹瘋狂搖頭哭著說，男友知道狀況後埋怨她不小心，現在不理她了。如果她爸媽知道她現在這個狀況會氣昏過去。漫妮也不知道該怎麼辦，就背著姊妹回家詢問爸媽的意見。誰知漫妮爸媽馬上就聯絡學校老師。這下，老師和閨蜜的爸媽都知道這件事了！更讓漫妮無法接受的是，當天晚上，姊妹就離開了人世。

姊妹慘烈的離開，對漫妮的衝擊太大。人和人之間互相理解、包容，怎麼這麼難呢？從那之後，她開始很難相信別人。她開始自動隔離自己和身邊各種人事物的感受，她只知道自己不喜歡什麼。她覺得身邊的人都很奇怪。覺得大部分人都活得沒有意義。她看不清自己未來的方向，對任何地方都沒有歸屬感。但她不想像姊妹那樣活得那麼辛苦，她不想因爲別人的錯而傷害自己。

而這位男生的出現，讓漫妮再一次感受到喜歡一個人的感覺。她恍然大悟，原來當年自己是眞心喜歡那位姊妹。原來自己既可以喜歡女生，也可以喜歡男生啊！漫妮第一次感覺自己是完整的。她像哥倫布發現新大陸一樣，發現了自己心裡曾經非常困惑的祕密。但現在她可以完整的確認。

這趟旅行，男生一直找機會靠近漫妮。漫妮沒有拒絕。她喜歡看到男生深情的眼神，也喜歡感覺自己心裡的心跳。她覺得自己是一個正常人：一個可以喜歡別人，也可以被別人喜歡；一個可以喜歡女生、也可以喜歡男生的非二元性別的正常人。她的心門被這位男生推開。

不過，漫妮和男生交往了一段時間，就提出了分手。她向男生坦白，自己還是深愛著高中時的姊妹。「她走的時候那麼痛苦，如果我是她，應該有很多怨恨和不信任吧！如果當時我沒有自以爲是地跟我爸媽求救，或許會有不一樣的結果。現在，我怎麼可以拋下她，一個人開心呢？」漫妮終於把自己這幾年來放在心裡的話說出來。這些年她發現自己很容易被「心裡有某一種痛苦」的人吸引。就像她被男生眼睛裡的憂鬱吸引一樣。因爲姊妹走的時候很痛苦，她試圖從全世界任何人的眼睛裡找到一點她的影子。

男生聽了，將滿臉淚痕的漫妮擁在懷裡，輕聲細語說：「妳想分手就分手吧。我不是一定要和妳在一起，才能愛妳。只要妳覺得開心，怎樣都好。妳從一開始到現在，都這麼的關心她，如果我是妳的姊妹，我會覺得自己很幸福。」

就算沒有在一起，他的愛還在。這句話像給漫妮點穴一樣，打通了她的任督二脈。是啊！愛不會消亡。雖然姊妹不在了，自己還是一樣愛她，大家都是幸福的。

關鍵詞：親密感

在愛情裡，親密感是多層次的。
陌生的時候冥冥中有種連結，
開啟心裡感覺的這一刻，親密感就會在心頭縈繞。
因爲關注、關心和牽掛，
當兩個人試著靠近對方的時候，親密感中就多了一份融合的慾望。
親密感會隨著愛情的升溫而越發濃稠。
但伴隨如膠似漆的快樂而來的，是害怕、孤獨、失落、憂鬱和不安。
當一個人要打開心將另一個人的生命融合進來的時候，
他的深層感受也會被調動出來。
埋在心裡的深層感受，多半是過去的經歷。
這些感受有懵懂的感覺、未經處理的情感、挫折痛苦的回憶。
還有當時不懂的、現在不想面對的情緒，都在裡面。
所以，當愛情來臨，當親密感產生，

當我們正沉浸在對方的氣息裡感到慰藉和滿足，人生的功課，正要開始上演。

星座與愛情：

風象星座包含：雙子座、天秤座、水瓶座。這些星座，平常很願意表現自己歡樂、冷靜、知性、睿智的一面。感情對他來說，不是有緣就要愛得死去活來，而是一個可以好好表現自己的舞台。

風向星座個性開朗，想要戀愛就會主動創造因緣，帶旺自己的桃花。他懂得怎樣去跟陌生人交朋友，也更清楚怎麼樣表現可以讓陌生人很快對他產生興趣。他活潑、想法多，精力旺盛、又蠻有個性魅力。他天生很會表現人見人愛的特質，對關係有自己一套成熟的認知。

不過，感情對於風向星座來說，並不是人生的全部。他認爲，如果不能把自己的生活過好，哪來的魅力讓別人喜歡呢？這種「需要愛但人生裡不能只有愛」的獨立天性，如果可以遇到一個志同道合、有共同目標的伴侶，對風象星座來說就是最大的幸福。

風象星座在感情上，會把自己打造成人見人愛的男神女神。當然，他也沒有辜負自己對自己的期許。不管是在外型上，還是在個性上，以及自己的能力專業上，風象星座會用盡全力去打造自己的獨特魅力——風趣但不能過於親近、享受戀愛但更享受人生。

愛情送分題：風象星座渴望與人互動、也注重言行、選擇背後的意義。能夠把握大格局機會，也擅長日常的交流。是活潑有趣的人喔！

給風象星座的建議：風象星座，在不熟悉的狀況下，表現略微冷淡，帶點神祕感。等到慢慢開始熟悉，風象星座就很聒噪，什麼話都能直說，幼稚天真通通來。他願意跟你說真心話，把平常置身事外的觀察都會說出來。但是，平常喜歡用這個方式來保護自己的風象星座忘了，這麼直接的他，跟平常風趣圓融的他不太一樣。這種落差可能會把別人嚇到。

故事裡，漫妮因爲同時遭遇「愛上同性別姊妹的懵懂」和「姊妹去世」的衝擊，讓本來活潑的她變得與人疏離。但風象星座的好處是，再怎麼冷靜，偶爾也想要得到放鬆。漫妮透過和朋友們相處，終於有機會回顧她塵封心底的記憶和感受。

風象星座可以讓一個陌生人很快對自己有興趣，甚至是獲得別人的喜愛，但是在感情上卻總是跌跌撞撞，無法做眞實的自己、也不容易在情感裡找到幸福的感覺。風向星座個性開朗大方，腦袋也機靈靈活，交朋友是完全沒問題的。但在感情方面，風象星座更容易過於流於形式，也就是他更熱衷於想方設法去表現自己給別人看，但並不擅長拿捏和別人之間互動的距離。

當風象星座了解到這一點的時候，應該就會明白，爲什麼在感情中互相磨合對風象星座來說是辛苦的事。在感情中要建立互相信任的親密感，既要了解自己，也要了解對方，還需要清楚表達自己的感受。可以控制好任性自我的情緒，多感受對方的需要是關鍵。

三個糾結：

(1)有了吸引力，有了親密感，還不一定是真的相愛。

(2)相處的時間久，也不一定能除掉不確定的感覺。

(3)當關係沒被看清楚時，容易消磨心裡的感情。

三個成長：

(1)愛情裡，除了要建立親密感，也要建立溝通、尊重、信任等其他感受。

(2)一開始互動的感受，可以拿來觀察，用來確認自己的感情為何。

(3)如果真心相愛，就要刻意地去經營，親密感就能持續下去。

故事的後面：

故事裡，漫妮愛過也失去過。因爲少不更事，不知道那是愛情。也因爲那時候大人處理事情過於急躁，導致她遭遇失去摯愛的痛苦。況且在初現青澀之愛的年紀，漫妮還沒有形成成熟的愛情觀、價值觀，這讓她在感情、糾紛和打擊中找不到出口，最終她選擇疏離外界，這麼做暫時能感覺好一點。

當她遇到令她心動的男生，心裡的感情再次被喚醒的時候，她了解到自己是雙性戀。那種長久放在心裡的困惑、不安才得到紓解。因爲有了答案，對過去的感情有了合理的解釋，心裡積壓的情緒才得以釋放。

「當時不應該把姊妹的事告訴父母」、「爲什麼自己當時沒有保護她」、「因爲自己的愚蠢反而害了她」、「如果沒有鼓勵她去談戀愛，也許她就不會懷孕」……漫妮陷在各種自責中無法自拔，這些情感是需要時間消化的。好在，男生也懂得這種感覺。他對漫妮沒有任何的質疑，也沒有給她壓力。男生成熟的溫柔應該來自於他的經歷、他的同理心。漫妮是幸運的。

親密感，不僅來自兩個人互相吸引的感覺。更是自己內心的一種私密感受。當兩個人之間的距離符合內心的需求時，親密感就會自然產生。形成好的親密感，最重要的是共情、信任和尊重。

愛情需要魅力和吸引力，更需要付出和包容。

成熟的親密感，不再是激情而是一份牽掛。暫時忘記自己，把心裡最柔軟的能量留給那個能夠牽引你內心的人，這就是愛。

Story 28 水象星座

撒嬌：愛情和麵包的選擇題

「沒有人值得你流淚，值得你這麼做的人，不會讓你哭泣。」十九世紀英國作家狄更斯的這句話並不絕對，但非常值得參考。喜歡一個人，當然希望看到他開心，怎麼會希望看到他痛苦呢？這個邏輯雖然非常清楚，但後來再去戀愛，很難像初戀時喜歡的那麼純粹。經歷過分分合合，到頭來，談戀愛是因爲喜歡，還是爲了得到撫慰，誰也說不清。

祐華在樓下等男友已經等了快三個小時。她越等越生氣。明明今天是自己的生日，現在這個時間，她應該已經和男友在預定好的餐廳一起享用生日晚餐了。但是，她現在還在男友辦公室的樓下拿著蛋糕，站著等那頭「不得不加班，無辜到不能對他有任何抱怨的豬！」上次他讓她這樣等，祐華就是這麼罵他的。

男友和弟弟的年紀一樣大，比祐華小三歲。可能是習慣從小帶著弟弟，照顧他、保護他，祐華也習慣性地這麼袒護著男友。果然弟弟說得沒錯，男生是不能寵的！男友就是這樣，越受寵越不在意你的感受！話說回來，好像這個社會也是這樣。男生在這個社會永遠有各種「不得已而為之」的事，而作為一個「好女孩」，最好是乖乖配合、以德報怨。什麼狗屁傳統文化，簡直就是惡勢力！雖然祐華從小被公認為標準的乖乖女，而且是那種又乖又美又溫柔的女孩。但，只有天知道，她每天會在心裡罵多少句髒話。

自祐華有記憶起，爸媽就常常吵架。後來兩個人還會大打出手。爸爸覺得媽媽說話太刺耳，媽媽覺得爸爸做人太不負責。他們最後一次打架，是媽媽的手指被爸爸手中的酒瓶刺傷那次。媽媽一氣之下抱著還不會走路弟弟，拉著祐華就離開家。那次離家之後，他們就再也沒回去過。她也再也沒有看到過爸爸。隨著弟弟和自己長大，媽媽的薪水越來越不夠用。他們一直在換住的地方。租的房子環境也越換越糟糕。因為經濟狀況不穩定，媽媽的工作時數變得更長。後來祐華長大了才知道，媽媽那時候為了賺錢，一天要工作十六個小時！

那時候雖然祐華很小，但看著媽媽這麼辛苦，她自動擔負起照顧弟弟的責任。幼稚園接送，給弟弟洗澡，洗衣打掃，甚至一天兩餐都是上國小的她在料理。這也造就了她個性獨立有擔當的一面。

但是一個國小生能做多少事呢？她有幾次很累的時候，就會責罵調皮的弟弟不乖。還有一次她失手打了弟弟一巴掌。打完之後她超級後悔，一直後悔到今天。但她礙於愧疚，從來沒有提起過這件事。

一個人從小到大成長的環境太重要了！雖然現在上班了，祐華還是會在半夜驚醒，想看看弟弟有沒有踢被子，媽媽回來了沒。這種半夜驚醒對她來說太常發生。看著周圍在煩惱去哪裡度假、怎麼減肥的女孩們，她超級羨慕。她羨慕她們的無憂無慮。這是她從小到大從來沒有過的心情。

自從認識男友後，男友積極堅韌的個性深深吸引著她。每次跟男友在一起，祐華心裡那種習慣性的小心翼翼和自卑就都不見了。他會很篤定、很耐心、不厭其煩在她憂心忡忡的時候跟她說：「過去的一切都過去了。妳的弟弟長大了，妳現在的工作也很好，妳的媽媽也快要退休了，而且她現在很健康。現在一切都很好，妳也很有能力，不需要像小時候一樣害怕。現在妳還有我，我們可以選擇過自己想要的人生。我會努力保護妳的！」

祐華覺得男友雖然比自己小三歲，但他的內心很強大。是那種「任何困難都可以冷靜面對，再想辦法好好解決」的強大。但這位強大的男生實在是有夠忙，爲了「他們的未來」，接任的工作越來越多。連女友的生日這天都不放過。

老天真的很會考驗人，總是在你得到的同時也失去點什麼。當她祈禱爸媽不要吵架的時候，失去爸爸。當她祈禱媽媽賺多點錢的時候，失去童年。當她祈禱和男友可以長長久久的時候，失去陪伴。

男友從後面拍了一下她的肩膀，嚇了祐華一大跳。他就是喜歡對她惡作劇。每次看到她真正被驚到的臉，男友就會傻笑。

「笑什麼！餐廳都關門了！」祐華覺得自己脾氣超好，等三個小時就這一句抱怨。

「別生氣嘛！我們去吃火鍋呢？還沒過十二點，吹蠟燭還來得及！今天妳生日，生氣會變老喔！」男友總是一臉的不正經，讓祐華不知道該怎麼接話。

坐上男友的摩托車，小心扶好手裡的蛋糕。祐華覺得又幸福又心酸。幸福的是，現在有個男生正在和自己一起打拼未來，她不再是需要一個人扛起全部的無助小女孩。心酸的是，自己也想嚐一嚐無憂無慮被寵愛的滋味，而不是像現在一樣——站三個小時小腿超酸，還要小心自己的生日蛋糕打翻——這樣的狼狽。

「祝我的寶貝女友祐華生日快樂！」在火鍋店，就著火鍋冒出來的股股熱氣，男友溫柔說，「不要再想那些不如意的事。沒有人的人生劇本是完美的。那些看起來完美的人生，背後都有妳不知道的各種悲傷和痛苦。妳這麼美、這麼堅強、這麼寬宏大量、這麼獨立有擔當，還有這麼好的男友，已經很幸運了不是嗎？我現在常常想：我有妳、有工作的目標，還有有妳在的美好未來，就覺得很幸福！」

「你說這麼多，重點是要我寬宏大量，不要跟你吵架是吧？」祐華撅著嘴不想放過他。

「妳看，妳唯一的缺點，就是鑽牛角尖，個性硬的跟石頭一樣，都不會轉彎！不過我還是很愛妳！妳看妳多幸福！」男友又傻笑。

祐華最受不了男友這樣跟自己撒嬌，心裡跟吃了棉花糖一樣幸福。她默默許願：我們要一直這樣幸福下去喔！

關鍵詞：撒嬌

撒嬌是柔軟、可愛又帶一點小任性的。

想要對方滿足自己，可以撒嬌；

想要逗對方開心，也可以撒嬌。

會撒嬌的人，懂得情趣，

願意用親密的心情、柔軟的態度、愛的語言說出自己的想法，

而不是哀怨猜測，或強硬的要求，

所以說，會撒嬌的人最好命。

撒嬌，對一個人是不是有足夠自信，是個考驗。

撒嬌，讓愛情站在道理的前面，有愛，什麼都好商量。

當然，

撒嬌跟吃甜點一樣，適度的甜而不膩，很重要。

星座與愛情：

水象星座包含：巨蟹座、天蠍座、雙魚座。這些星座習慣未雨綢繆，喜歡把事情打點的滴水不漏，而且做什麼都靠感覺。工作賺錢靠感覺、談戀愛靠感覺、分手也是靠感覺。

水象星座一旦想要認真談戀愛，就算慾火上身、也要逼自己理性加理智，一定要多觀察、多相處、多判斷，才決定是否真的要在一起。這種一開始就謹慎的節奏，就是大家感覺水象星座有點壓抑和被動的原因。好話不多說，心裡話不擅長說，對自己沒什麼信心，對別人更沒有信心，他有時候會天真的希望，愛情可以化解他心中的自卑和孤獨。當然，被欣賞、被認可的感覺很好，但水象星座自己都知道，這是一種奢望，因此，他也不會期待戀愛對象可以給自己什麼。水象星座把這種期待轉而投向，強烈的身體互動——性愛，美好的性愛就是他情緒的出口。這是水象星座不會主動說出來，但跟他交往過的人都知道的祕密。

不過，對於水象星座而言，感情中的那些失望、分歧通常都是過得去就好。要不要對自己負責到底、是否要做到完美、能不能堅持到最後，他認爲，只要有過關，就算是對自己有個交代。水象星座不喜歡鑽牛角尖，他覺得一板一眼過生活會太累。他能做的，就是盡自己的能力把最重要的人照顧好，這就是他最大的幸福。

愛情送分題：水象星座直覺敏銳、富有同理心和包容心，喜歡關心周圍的人，能吃苦。尤其在感情裡願意付出，是無怨無悔的癡情種。

給水象星座的建議：水象星座在感情上的一個很大的盲點，也是他不想面對的事實，就是：他根本不知道自己要什麼！他擅長幫助別人，更擅長把自己的好姻緣往外推。把自己的愛往外推，直到失去之後才會後悔。這樣的循環總是讓他對自己、對愛情失望。爲什麼會有這樣的事情發生呢？水象星座的在感情上有一個很容易被忽略的潛意識——覺得自己永遠不可能遇到一個無條件接受自己、愛自己的人。也就是說他已經判定自己不值得被愛。這件事情很嚴重！但是大部分的水象星座意識不到這一點。

故事裡祐華就是這樣，一方面辛苦愛著，一方面總是容易看到對方不好的一面。當男友在愛情和麵包之間身不由己的時候，祐華一邊辛苦等待，一邊又不甘願。

每個人都有自己的不安全感。但水象星座的不安全感被打開時，就會想要結束關係，以確保自己的安全。這種「得不到就逃避」的習慣，其實是一種控制慾。對別人不信任，對自己沒信心，控制慾就會趨使他「趨利避害」，對感情來不及做完整的判斷，就產生放棄的念頭。

把感情放在生活中，不可能不停創造美麗的粉紅泡泡。生活是實際的。需要錢、需要時間、需要喘息的空間……水象星座要打開你的心，看看你的生活實際狀況。你所想像的那些浪漫的、山盟海誓的、至死不渝的愛情，並不會在一開始邂逅的時候就發生，而是經由兩個人經年累月的相處之後、互相妥協磨合之後才會產生的一種互相信任的不離不棄的信念。不相處怎麼會有信任感呢？不要錯過就在你身旁的好姻緣喔！

三個糾結：

(1) 害怕對方不喜歡自己，會讓愛情很難健康發展。

(2) 想抓住愛情，就會讓感情關係變得壓抑。

(3) 放棄自己在關係裡的主動權，很難得到對方的尊重。

三個成長：

(1) 在愛情裡，也要培養好奇心，這不等於猜疑對方。

(2) 練習釐清在關係裡自己所想要的。

(3) 盡量學習放鬆的去享受戀愛關係。

故事的後面：

害怕對方不喜歡自己，會讓愛情很難健康發展。故事裡，祐華的男友爲了兩個人的未來，不

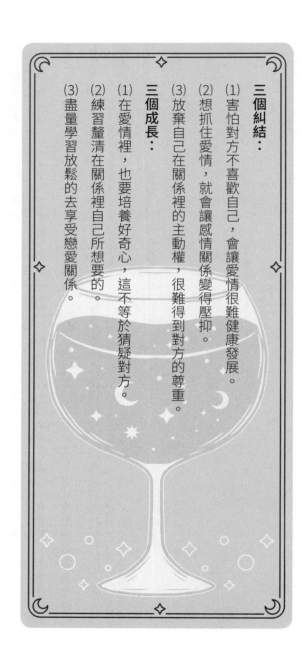

得不選擇努力工作。再加上他年紀比祐華小一點，所以需要加倍的努力，才能維持他的自信和擔當。祐華知道這一點，但也受這一點所苦。她想抓住愛情，但把自己和男友關係弄得壓抑緊繃。好在她的男友是一個開朗、會撒嬌的人。他可以及時釐清關係中他自己想要的、祐華想要的、兩個人未來需要的，這些之中的利弊關係。

當祐華願意面對兩個人所處的現實狀況，也就能接受男友過於實際的做法。不過，反過來說，放棄自己在關係裡的主動權，很難要到自己想要的親密互動。祐華可以在男友身上汲取「撒嬌百戰百勝溝通大法」。平常努力打拼沒問題，自己過生日，需要一點特權，這是很正常的事。祐華可以讓男友知道，她也需要男友的寵愛。否則，總是讓「愛情」向「麵包」妥協，時間久了，感情關係會出現斷層，到時候各自有各自的委屈和堅持，就不好磨合了。

是「相愛容易相處難」？還是「相處容易相愛難」？愛情和麵包，容易讓相愛的人愛的不易、愛的身不由己。

相愛的兩個人，不知道從哪一天開始形成某種生活習慣，知道和對方相處的眉角，也能嫻熟地進退有據。這時候，愛情和麵包之間，要先選擇爲愛情保鮮，還是要先選擇爲麵包保值，就需要權衡的智慧。

跟麵包相處相比，我們的愛裡有多少包容力呢？有多少次可以放下自己，只爲了單純的愛對方呢？而跟愛情相比，我們又有多少力量可以多做一點，只爲了有足夠的資源來經營愛情呢？我們願意放下多少慾望來承擔現實給的壓力呢？

愛是生活中的藝術，生活是愛的土壤。一個都不能少，才有機會成就美好的愛情。

Twelve Constellations

星座特質與視角

The 32 keys of Love

Story

29 開創星座

甜蜜：只有情愛是不能結婚的

「愛情」兩個字，在現在的社會，尤其是成年人的心裡，總覺得矯情。什麼是愛和情？愛一個人然後產生情，再然後呢？誰又敢說自己是眞的「愛」一個人呢？如果，把「愛情」兩個字換成「情愛」，更能讓人接受。對一個人有好感，但能不能走到最後再說吧，誰知道呢？這種看起來隨性，但裡面參雜各種私心的態度，才是這個世界情人們心裡眞正的樣子吧！

冥冥中一股力量，把兩個陌生人牽在一起。對怡華來說，這種感覺很炫幻，值得去試一試。陌生人相遇後互相吸引，因爲這種吸引力，彼此的生活融合在一起，因此產生融合的不適、排斥反應，發生糾葛、分裂、再攪拌融合，到最後兩個陌生人的相遇會產生什麼樣的「量子糾纏」和「化學反應結果」呢？而情愛可以直接讓人親身體驗這種玄幻融合或分裂的全過程，所以只要有機會談戀愛，怡華一個都不想放過。

怡華的大腦，日常就是這麼運作的。她習慣透過「能量流動」來觀察自己和生活。這種習慣來自她持續十年的冥想習慣。冥想這麼多年，她越來越相信，這個世界是虛幻的。這個世界雖然看起來那麼的生機勃勃，摸得到、體驗得到，有就是有、沒有就是沒有。但是，這個看起來眞實的世界，你只能走進它，但你無法帶走它。這其實跟看電影、追劇一樣：你只能體驗裡面的情節，但你無法成爲裡面的人。**既然身在其中，卻身不由己，那活在這個世上，跟做夢又有什麼不一樣？**

不過，既然做夢，就好好在夢裡面扮演好自己該扮演的角色，這也是怡華的想法。沉浸其中、投入一點，就像追劇一樣，等追完醒來再說。她很喜歡「flow」這個詞。順著流走，生活裡來什麼，就迎接什麼。來一個想法，有機會就去試試看。來一個緣份，那就去互動一下，行不行就看過程「融合的」喜不喜歡。

遇到他，怡華認爲算是自己第一段眞正意義上的戀愛，因爲戀愛的過程比較完整，沒有前面那些「曖昧不公開」、「稍微接觸就無法相處」、「低調交往實則被劈腿」……參差不齊的狀況。相處一段時間後，怡華感覺他個性實在，也能跟她這種「虛幻腦」聊天，而且不會在花錢上斤斤計較。這讓怡華覺得放心。說來也有趣，相處一段時間後，怡華還發現他是少數會依賴女友的男生。他們認識是在男友入伍前一個月。那時候他們還沒有確認交往。男生每週都給她寫信，寫自己的生活，問她的成長經歷，文情並茂，簡直就是上世紀的文青。這樣外表俊朗，內在柔情的男生，現在眞的不多見。這也是怡華喜歡他的原因。

就這樣累積兩年的情書，怡華終於等到男生退伍。然後他們按照信中的約定——退伍即交往。怡華對於自己的男友終於可以從書信筆友世界走出來，正式進入她的生活非常期待。她幻想著跟一般的情侶一樣，可以和男友一起約會看電影、看展覽、在公園散步、去吃燭光晚餐，或者激烈吵架後再哭著和好。沒想到，男友一退伍就拿到廣告公司的 offer，一頭扎進工作。他確實需要舞台和成就。但，更讓怡華沒想到的是，廣告界是另外一個世界：花花綠綠的人、好玩但浮躁的工作內容，而且還要天天加班到半夜。原本以爲個性很黏的男友，越來越忙，陪她的時間越來越少。

怡華開始慌了。直覺告訴她：還沒眞的花時間相處，這個男友很可能又沒了。等了他兩年，還有濃情蜜意的書信陪伴，怎麼換來是他的冷處理？不行！怡華馬上改變策略。男友忙，那就自己主動去找他。在他公司附近的咖啡廳等、去他家附近等、買晚餐給他……

結果，怡華的頻頻獻殷情換來的是男友提出分手：「我覺得妳太依賴我了，妳需要有自己的生活重心。」

「我只是想跟你相處。你退伍之後，工作那麼忙，我們都沒一起看過電影，也沒有一起吃過晚餐。一次約會都還沒有耶！」怡華覺得是他太過分！

「我現在需要抓住機會，需要成功！妳想要的風花雪月，我現在沒有那個能力給妳。我也不想耽誤妳的時間。我們分手吧！」怡華看著男友一副不耐煩的樣子，心裡一個冷靜的聲音出現：「果然！妳看吧！」

男友說完頭也不回就走了。留下雖然有心理建設，但還是一時無法消化的怡華呆在原地。「這就是分手？」「感覺好像被嫌棄了啊！」「我現在是被拋棄了嗎？」「憑什麼交往、分手都是他說了算？」「他只在乎他自己啊！」怡華心裡面出現了很多聲音。這些聲音就好像半夜窗外傳來的蟬鳴聲一樣，此起彼伏、密密麻麻，時而合聲共鳴、時而雜亂無章。她的頭快爆炸了。這種爆炸的感覺，像是自己正在做一場夢的時候被驚醒，人還在恍惚中，卻硬被說教一番。

這到底發生了什麼事？怡華想不明白。如果他的心情是像現在一樣篤定，要事業、要成功，那兩年的書信、情誼、甜蜜，都是怎麼生出來的？當兵無聊到無中生有嗎？

她想知道答案，雖然她心裡已經知道一個確定又不想面對的答案：他並不愛自己。

果然，雖然這個世界可能是虛幻的，但是，感覺是眞實的。經歷期待、開心、甜蜜、失望、挫敗、傷心，這些體驗讓怡華彷彿能感覺到時間的能量。時間透過這些體驗來向她傳遞某種能量。如果能在這些體驗中，最終願意打開自己的心，真實的面對自我，那麼這些時間的能量就會匯聚在一起，把原本的自我煥然一新吧！

怡華品一品這情愛的滋味，就像欣賞一件藝術品一樣：除了快樂，它還包含了傷心、委屈，或許還有不道德，但它還是依然那麼美、那麼吸引人……

關鍵詞：甜蜜

當生活裡融入了情愛，世界好像改變了，一切都變得那麼甜。
但人吃了甜食，你也知道會怎樣：
可能上癮、肥胖、貪得無厭，需要更多更多的甜食；
也可能覺得膩、覺得怕，吃完甜的還想吃點鹹的。
談戀愛只想吃甜，那是不可能的。
只有甜味的愛情，絕對是摻了糖精的贗品。
想要長長久久的甜蜜在心頭，
以備日後像蜂採蜜一樣，能暖暖回味，

那就要有勇氣接受愛情裡的苦。

相愛了，

情愛只注重甜的部分，

愛情則會把苦也當成甜。

星座與愛情：

開創星座包含：牡羊座、巨蟹座、天秤座、摩羯座。這些星座的共同特質是行爲比較勇敢，思維也比較超前。他們擅長發現機會、開啟一個計劃，而且對於新的可能性充滿熱情和高度的期待。開創星座喜歡用自己喜歡的方式主動出擊，他們不在意別人的擔心和建議，更願意透過自己的親身經驗來了解這個世界。

在感情裡，開創星座幾乎來者不拒。他們的優點是，從來不用預設立場去給別人貼標籤。願意把自己的偏見歸零，去認識一個人。而缺點就是，欠缺判斷力，對別人的意見也不太關心。這導致開創星座總是在碰壁之後，才能學到一點小小的經驗。

愛情送分題：開創星座簡單、直接、不喜歡玩手段。比起曖昧、劈腿、三心二意，開創星座更願意坦率表現、開誠布公。

給開創星座的建議：開始一段感情，並沒有開創星座想像的那麼容易。並不是只要遇到邀請，就一定要赴約。這就是感情沒那麼容易開始的原因。開創星座太專注於去開始和完成一件事。對愛情的態度也是這樣。但事實上，如果沒有經過思考和挑選，就貿然去和一個人接近，甚至試試看有沒有機會戀愛，這是一個危險的行為。開創星座忽略了一點事實：荷爾蒙可以利用「乾柴烈火、刺激新鮮的感覺」來創造讓兩個人「在心靈上有共鳴和連結」的假象。

故事裡怡華就是這樣——急著想要體驗愛情，就對自己的感情不負責任。當然，這也是沒有太多戀愛經驗的人，或者日常生活相對被保護的很好的人常會發生的狀況。

當然也不要因噎廢食，爲了所謂靈魂伴侶的目標，左挑剔、右懷疑。如果事先先花心思了解自己的內心，看看自己腦中有沒有一張可以畫出來的「愛情地圖」，像是：我喜歡什麼特質的人？他要有什麼樣的外表、什麼樣的氣質？他要喜歡什麼？我的哪些嗜好和興趣他不能干涉？我最討厭哪種特質？原因是什麼？

在決定投入一段感情前，如果怡華有思考過這些問題，就不會像怨婦一樣埋怨對方沒有花時間跟自己約會。

三個糾結：

(1) 兩個人的關係不管已經經歷過多少考驗，一旦沒有用心經營，就可能面臨危機。

(2) 愛情裡面，不能把個人的幸福感全部壓在感情裡面去實現。

(3) 在愛裡，有時候我們還是會盲目，甜蜜因此也就消失了。

三個成長：

(1) 就算在穩定的關係裡，還是要記得製造一點浪漫。

(2) 愛情的甜蜜是多層次的，關注自己深層的感覺和體會很重要。

(3) 當兩個人膩了，你需要重新檢視這份愛與甜蜜。

故事的後面：

如果你還很年輕，或者你是一個很浪漫的人，那些繁花似錦、洶湧澎湃、頻頻漣漪的愛情，

一定會先吸引到你。大家覺得很多女生很吃這一套，對吧？從小，大人就會跟女孩們講，人還是實在一點的好，比較能過日子，那些只會花言巧語的男生，只是想跟妳玩一玩，千萬不能當眞。

不過，現在時下的狀態好像不太一樣。那麼多偶像劇，那麼多男神女神，那麼多明星感情的高光……好像，愛情裡，實際面和浪漫面可以都要。

而且，文創小物、藝術品、身心靈產品，開始多元化元素進入居家生活領域。不管是藝術家還是一般人，我們都開始注重生活裡的品質和情趣。怡華就是一個注重心靈和生活品質的文青。透過這次經歷，她了解到，不能把自己對身心靈的摯愛完全轉化成對生活的認知。生活是一個現實的體系。每個人有各自的個性、成長背景，也遭受著社會大環境潛規則的影響。

要體驗生活，就要把虛幻的想法抽離開。哲學思想、身心靈想法是釐清感受的工具，是讓我們辨認方向的嚮導。但這些並不是生活中所有的組成部分。

思想讓我們先把注意力放在自己身上，再往外看，透過內在境界越來越提升，生活也能感覺越來越幸福。而生活讓我們先把注意力放在選擇上，選什麼行業、去哪裡工作，和什麼人在一起，所有的事情都是一個選擇題，選好了，經歷了，透過體驗感悟來提升自己的境界，心靈因此也能感覺越來越幸福。這兩種價值觀，看起來是悖論，事實上是左右手的關係。這兩個價值觀需要一起合作，才符合現在這個複雜的社會，也包括愛情。

怡華正是嘗試在這條路上追愛的女生：一面試著當自己思想上的導師，同時也想好好的生活。愛情雖然會帶來傷害，也會帶來自我提升。愛情的甜蜜一定會在某處等著她。

Story 30 固定星座

穩定：不想失去你

一輩子重複一樣的事，不無聊嗎？早上起床、拉開窗簾、打開窗戶……外面的光線、空氣和嘈雜聲一併撲面而來，又一天開始了。在地球這顆行星上，億萬人有億萬種的活法，每種活法似乎每天都這麼重複著。但沒人在意這些。手裡的食物、接下來要做的事、想要去見的人，才是更重要的。

離開英國回來，茹玉感到心裡一陣輕鬆。在倫敦上學生活十多年，那裡的潮濕和快節奏，她完全不需要適應。因爲倫敦的天氣跟她長大的地方很像。離開倫敦，唯一讓她留戀的，是那裡的小吃、工藝品和擠滿不同膚色人種的市集。

就因爲倫敦給她一種自由感——和不同膚色的人成爲朋友，不管想法多奇怪，都可以去勇敢挑戰和嘗試。畢業後茹玉沒打算離開。很快找到工作，很快找到住處，她就快速進入工作狀態，希望自己可以早一點安頓在這個古老又五顏六色的城市。找工作比茹玉想像的要順利太多。當她的同學還在爲各種問題遲遲不能入職，只能靠做散工維持生活的時候，她已經在光鮮亮麗的辦公大樓裡開始新生活。

認真工作的她很美：從容、冷靜又堅強。這是先生向她求婚的時候說的。這句話讓她感動很久。和同事交往、婚姻，建構跨越種族的家庭，這是茹玉從來沒想過的。也正因爲她來英國留學的第一天，就堅持「拒絕誘惑、腳踏實地」的原則，她的成就就這樣一點一點積累成現在的樣子。高薪工作、安穩的婚姻、可以期待的未來……那時茹玉對自己所做的一切都很滿意。

不過，人生總會在你以為一切都很好的時候，塞一份你當下不願意接受的功課。正當茹玉覺得自己是時候可以和先生生個混血寶寶時，她收到了公司的通知，她被裁員了。

聽到人事主管親口說出她被裁員的瞬間，茹玉蒙了。爲什麼？怎麼可能？接下來該怎麼辦？她覺得自己這幾年建構的一切輕易就成爲泡影。要知道，只憑先生一個人的薪水，他們是支付不起現在位於郊區帶有庭院的家的房屋貸款。而且，茹玉的工作內容是屬於公司保密的部分。她想像不到，自己這麼重要的工作，也會被當作多餘的職位裁掉。在這個公司服務快四年，換來無情的丟包。她所有的情緒一擁而上。

一個華人，在倫敦舉目無親，靠著自己踏實的努力去架構生活中的一切。茹玉本來覺得靠著辛苦努力得到的成績，再加上後來找到高薪工作，遇到溫和紳士的先生，雖然自己是外來人，但眞的是既幸運又幸福。所以，平常偶爾遇到的那些有偏見、惺惺作態的人，她都沒有放在心上。讓她最後崩潰的，是當她聽到先生用一口「倫敦腔」對她很禮貌說：「或許我可以支持這個家一個月，但妳現在需要趕快找工作。不然我們只能在下個月把這個房子賣掉。」他的態度讓她吃驚。茹玉知道現在找工作不容易，全球金融危機爆發後，大部分公司都在裁員，很少有公司在招兵買馬。但先生第一時間的反應不是來安慰她，而是在擔心他自己的存款，讓茹玉超級失望。

或許是彼此生長背景不一樣，但是，先生像處理公事一樣處理他們的這次家庭危機，對她個人沒有一點的安慰和關心，茹玉不能忍受。經過幾次吵架後，茹玉不得不面對一個現實：他們的個性太不一樣，導致他們對問題的認知和期待完全不一樣。沒想到失去這份高薪工作，竟然變成她和先生離婚的導火索。她知道自己太倔強，也清楚先生太放不下心裡的驕傲。但是他們誰都不想讓步。最終，她引以爲傲的工作沒了，她以爲能帶給她幸福的跨海婚姻也沒了。

後來，她決定離開倫敦、離開英國。回來後，她很快就安頓下來。畢竟她的專業是只有擁有尖端科技研發部門的大公司才會設置的職位。在一次公司活動中，她很快就跟一位同事走很近。他們開始一起吃飯、一起聊天。茹玉聊到自己被裁員，聊到被裁員後又跟前夫離婚，聊到本來他們還準備要生個可愛的混血寶寶，聊到前夫在離婚時表現出一種「一定要自保」的冷漠態度讓她很難接受……同事是一位很好的傾聽者，也會適時的安慰她、鼓勵她，讓她換個角度想。這讓急需在情感上抓住一根浮木的茹玉深深感到被安慰。

快速找到一份好工作，和同事越走越近，這一切跟她在英國時的經歷驚人的相似。但這一次，老天似乎希望茹玉可以早點清醒。在她開始眞正的考慮是不是應該跟這位耐心又體貼的男生交往的時候，男生的前女友突然出現。那天他們一起下班，正要一起去吃晚餐，有個女生在公司門口攔住他們。女生不停跟男生道歉，想要跟他復合。男生當場沒有說什麼，叫了台計程車把女生送回家，但是從那之後，茹玉開始常常找不到他的行蹤。

雖然一回來就找到一份好工作，對於這段時間遭逢巨變的茹玉來說算是幸運。但是這一系列的事情對她來說也太戲劇化，超出她的想像。實在不敢相信，剛遭遇被裁員和離婚的她，又要再一次面臨不了了之的關係。「一定是自己哪裡出了問題。」茹玉每晚躺在床上輾轉反側，試圖找到自己大腦裡的bug。

「You jumped in so quickly, you didn't give yourself a moment.」（你太快從這段感情跳到另一段感情，你都沒有給自己一點時間。）那天她在家看電影《享受吧！一個人的旅行》（《Eat Pray Love》），聽到這句話，茹玉從沙發上跳了起來！「對！就是這樣！」茹玉自言自語：「我就是太快從學校跳到工作、從工作跳到感情、再從離婚跳到談戀愛！我就是把自己逼太緊，很怕錯過任何一個機會，結果都沒有給自己一點時間！」

那晚，茹玉邊看電影邊哭。她想通了，爲什麼前夫的冷漠讓她跳腳，因爲他也是一個不給自己時間，想要快速跳到下個目標的人。她想通了，爲什麼這個男生不見了，因爲他們的聊天內容裡，都是她對自己倫敦遭遇的傾訴……

她現在覺得自己累了，她需要一個人，需要好好的休息。

關鍵詞：穩定

有一句情話大家一定不陌生：「只要我們在一起就夠了。」

這是多麼美的一句情話啊！

因爲你需要他，他也需要你，

好像你們的關係從此就穩定了。

但，感情是一輩子的課題，要花一生來學習。

愛情，在熱情和迷戀中誕生，這種愛的感覺浪漫又強烈。

而穩定長久的愛，很不一樣。

它要在狂熱之後，有回歸兩個人本質的冷靜、有成熟處理分歧的能力。因爲有清晰的自我認知，

相愛的兩人無論遇到任何狀況，都能找到相互支持、彼此欣賞的平衡，然後彼此珍惜著，這樣才有機會穩定地愛下去。

星座與愛情：

固定星座包含：金牛座、獅子座、天蠍座、水瓶座。這些星座共同的特質就是對自己在意的事會表現出穩定又持久的個性。比如說，金牛座對品質有一種執著，獅子座不容易改變自己的想法，天蠍座則認爲對任何事必須保持懷疑態度，水瓶座覺得自己的想法沒有錯。固定星座善於固守自己認爲重要的價值觀。長期堅持一致的價值觀，有助於他們處於某種穩定不亂的狀態。但缺點就是，他們也容易陷入舒適圈。對於任何的改變沒那麼容易接受、甚至會拒絕改變。

在感情裡，固定星座有一個癖好，就是不喜歡跟價值觀不一樣的人在一起。價值觀相同，和對方處於可以互相支持、互相取暖的同溫層，是可以讓固定星座感覺安全的方式。

愛情送分題：固定星座，雖然有點小固執，但是維持日常生活和工作的穩定，是非常在行的。這可以給另一半帶來積極樂觀的感受喔！

給固定星座的建議：故事中茹玉就喜歡在同公司發展戀愛對象。首先，作爲固定星座的她懶得去拓展自己的交友圈。其次，同公司的同事，聊起天來不需要大量解釋自己的工作背景。這對於固定星座來說省了不少麻煩。但是，當茹玉跟先生發生財務上的意見分歧後，作爲固定星座的茹玉是無法接受先生跟自己的想法不一樣。她屬於傳統的華人女生，財務在一個家庭來說，她認爲夫妻二人應該是一個共同體，要共進退。但作爲英國人的先生來說，他認爲即使兩個人結婚，大家各自對自己的財產有充分自由的分配權。這樣的文化衝突讓茹玉不能接受。這是導致他們離婚的關鍵。

再後來茹玉回來後又如法炮製了一段感情，這次也是和同事走很近。固定星座有時候就是這樣，會無意識地一條路走到黑。他們覺得安全的方法會一直持續用下去。容易忽略同一套方法背後帶來的問題。因爲改變對他們來說是不安全的。就像茹玉，被裁員，就要趕快找到一個一樣好的公司。離婚了，就要趕快找到一樣好的伴侶。在這種忙於維護一切不變的原則下，到底自己出了什麼問題？做出的選擇是不是適合自己？自己想要的是什麼？她沒有時間去思考。

這也是後來爲什麼她頻頻在感情上受到挫折的眞正原因。

也要提醒固定星座的同學，在努力維持自己想要的穩定的同時，也要常常問自己，這眞的是我想要的嗎？這眞的這麼重要嗎？改變眞的不好嗎？給自己多一點思考的空間，就不會浪費你苦心經營的成果喔！

三個糾結：

(1) 只有表面的穩定，這樣的愛情無法經得起考驗。

(2) 有了長期信任的累積，不代表關係可以永遠穩定。

(3) 穩定不動搖，並不是美好愛情的唯一標準。

三個成長：

(1) 讓對方知道自己的真實狀況，是互相信任、互相支持的一部分。

(2) 兩個人之間的信任，是需要一直去維護與守護的。

(3) 體貼對方、還能真實的做好自己，兩個人的關係才有機會走向穩定。

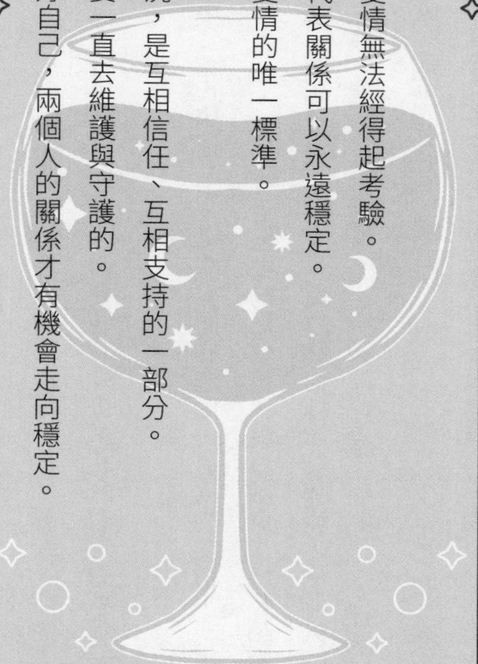

故事的後面：

茹玉後來讓自己單身了一年多，任何想要跟他約會的人，她都拒絕。她了解到，前面失去工作和婚姻，對一向堅強的她來說造成了非常大的陰影。她需要花時間去消化和整理這些情緒。更需要沉澱思考，自己的問題出在哪裡。

擁有光鮮亮麗的工作、不錯的對象、漂亮的房子，這些表面的穩定，這樣的愛情不一定經得起考驗。而茹玉也需要提醒自己，除了責任，愛情裡更需要的是信任。就算兩個人已經結婚，觀念不同不代表不愛。而且，信任需要長時間的累積。而且，就算夠信任、夠尊重，兩個人的關係也不會呈現永遠穩定的樣子。

穩定不動搖，並不是美好愛情的唯一標準。

當我們知道想要什麼的時候，我們反而會發現過去很多原本汲汲營營的，大部分都是我們根本不想要的。這時候，心裡面會升起一種寶貴的感受，這種感受叫做「無欲則剛」。無欲，面對不想要的東西不貪心；剛，對自己想要的，有堅守、堅信的態度，寧缺勿濫。

在人生的選擇中，如果對自己想要、不想要的東西，我們能夠盡可能的進退兩清明，就能達到一個「穩」的心境。若能因爲了解自己，知道自己要什麼，而穩穩地過自己的生活，遇到狀況，心也不會亂。

回到故事，當初茹玉怨恨過、埋怨過、絕望過，她以爲放棄錯的婚姻，就可以在對的關係裡逍遙。最後她發現，這些都是自私的行爲。而根源在於，她沒有給自己一些時間去好好沉澱。

當茹玉清楚知道自己的堅強和脆弱會在什麼時候出現時，她就擁有了一把衡量伴侶的量尺。那個所謂「對的人」就有了被定義的機會。

愛情是需要被經營的，所謂的穩定只是表象。在生活裡遇到各種狀況後，還能透過互相理解、包容、支持去維持心理的平衡，這個關係才能被維持下來。維持的夠久，才會進入穩定的狀態。

給自己獨處的時間，好好了解自己，才能勇敢的在對方面前表現自己，去穩穩的愛。

Story 31 變動星座

得到：一個人也好

外面的陽光打在樹葉上，樹葉正閃閃發光。風一吹，一道波光粼粼的綠波輕鬆愜意的舒展開來。松鼠在樹枝裡穿梭，兔子嗅著樹根邊的蘑菇，一滴露珠正準備從松針上一躍而下，想去擁抱下面看起來鬆軟的泥土。大自然的一切好像各自獨立，又不得不互相牽連。就像我們身體裡的細胞一樣，這裡面有多少訊息是自己的，又有多少訊息是來自爸媽和祖輩的，沒有人說得清。

羽馨醒來發現自己被綁在床上。她知道，看來自己又是癲癇發作了。她能感覺到涼涼的點滴正在流入她的血管，頭脹脹的。這一個月來身體這樣反反覆覆，她覺得害怕。她原本認識的世界，現在已經濃縮、收回，變成窗外的世界。而她，就這麼與世隔絕著：天亮、天黑，窗外、窗內，學業、感情，過去、未來，這些對她來說好像沒有什麼意義了。她覺得自己好像是在這裡，

又不像在這裡。她好像陷入一個氣囊時空，沒有人能眞的幫到她，她也沒有辦法爬出去。

爸媽再也不敢對她說教，這是羽馨感覺自己躲在這裡可以得到的最大好處。以前不管自己做什麼、怎麼做，媽媽都認爲她做得不夠好、需要做得更好。而爸爸不是工作不在家，就是回家幫腔媽媽數落自己。這樣的日子從害怕到難過，時間一長，羽馨也就麻木。有時候她甚至以爲自己有「調低周圍音量」的超能力。爸媽說他們的，她做自己的。在飯桌上，她還可以假裝在聽，邊點頭邊做白日夢。

能讓羽馨忘記這一切煩惱的，就是他。他平常喜歡戴棒球帽，酷酷的，不太愛講話。每次上公共課，他都會提早坐到那個固定的角落。一個穿得很嘻哈的人，卻喜歡坐在角落不講話，羽馨覺得他是個神祕的怪人。慢慢地，羽馨開始期待上這堂課，期待看到這個人。不知爲什麼，每次看到他，都能讓羽馨心裡感覺到快樂。同學笑她犯花痴，她覺得花痴一下也蠻好的。至少非常療癒。心裡的垃圾可以因爲看他一眼就煙消雲散，對她來說完全是救命良藥。

那天快要上課了，他的位子上沒有人。外面正下著大雨，羽馨一直在偷瞄他的位子，「他不是要翹課吧？」看不到他，羽馨心裡難免失落。這時眼前伸出一隻手，丟下張紙條就縮回去了。天啊！是他！他故意路過羽馨的位子旁邊，給她丟了張紙條，什麼話也沒說，然後逕自走到他自己的位子。這一切發生的太快，羽馨驚魂未定，旁邊的好朋友催促她：「快看一下，是不是情書！」還一邊竊笑，讓羽馨的心跳更加速了。

紙條上寫著他的電話號碼，還有一行字：「下課請打給我，謝謝。」這是什麼意思呢？覺得我打擾他了？還是想要跟我當朋友？羽馨一會覺得開心，一會憂心忡忡。她不知道他這句留言是什麼意思。是帶著溫柔的請求，還是冰冷的命令？整整一堂課羽馨都沒有聽進去半個字。

終於捱到下課，羽馨假裝沒事，跟平常一樣和好朋友聊兩句，然後不慌不忙走出教室。特意躲到走廊轉彎處，忍不住要馬上打電話給他。這麼快就打給他，會不會顯得太不矜持？羽馨拿不定主意。

「欸！」後面突然有聲音，嚇了她一跳。羽馨轉身，他就站在她身後兩步遠。「我怕妳不打給我，所以我跟著妳走過來。」他酷酷地說，眼角帶一點微笑，但基本上整張臉還是酷酷的，「傍晚可以一起去散步嗎？」他繼續說。羽馨知道自己臉已經漲得通紅，但還是故作鎮定說：「好啊，我剛好傍晚沒事。」交換了聯絡方式，他說了聲謝謝，就轉身離開。

那天去散步，羽馨發現他其實是一個體貼溫柔的人。傍晚時間天氣開始轉涼，他把外套借給她穿。他的外套有一股肥皂水的清香，那天羽馨好像在雲朵上散步，整個人輕飄飄。

接下來的日子，他固定一週來找她三次，雖然沒說破，但散步聊天成了他們的習慣。事實上，大部分時間，都是他在關心她。問她媽媽最近又說了她什麼？問她爸爸這兩天有沒有比較兇？問她社團那個誤會她的同學有沒有去跟她把話說清楚？問她這兩天有沒有讓自己早睡一點？每次都是他問了一堆問題後，就開始阿嬤式的一陣囉嗦：要注意保暖、要記得多喝水、爸媽念就隨他們去、不要有壓力……羽馨覺得這樣的戀愛蠻好的，慢慢互相熟悉、互相了解，一切都不疾不徐，沒有什麼目的心。她喜歡這樣的感覺。

羽馨現在想想，自己眞笨，那時候怎麼沒想過，自己對他所有的一切都不清楚，也沒多問。本來心裡想著，他這麼關心自己，等對他再多熟悉一點，就可以問問他的狀況。誰知道，一切都來不及了。

跟他認識已經兩個多月。這天公共課他又沒來。羽馨傳訊息給他，他一整天都沒回。羽馨有點著急，不知道發生什麼事。但是除了他給自己的聯絡方式，她根本沒有別的方式去找他。羽馨發現，自己不認識他的朋友，也不知道他住哪，更不知道他平常會去哪。她覺得自己好自私，活在自己的世界，從來沒有眞正關心過他。

好朋友晚上打給她，電話裡，好朋友的聲音很驚恐、又很猶豫。羽馨有種不詳的預感。「我打聽到，他好像是有心臟的問題，去年還做了大手術。我……我聽說……他前天好像過世了，如果沒聽錯的話，他同學說，好像是心肌梗塞……醫生推斷是在睡夢中過世的。」羽馨感覺自己也像在做夢，她希望自己趕快醒來。她覺得一切都是假的。她的頭很暈，她想要走出臥室透透氣，她拉開房門走到客廳。隱約聽到媽媽問：「怎麼還沒睡？」她想講話，但舌頭有點僵硬，她講不出一句話。「看樣子，是眞的在做夢吧？」她想。她感覺自己全身都在顫抖……

羽馨睜開眼睛，看到爸媽就坐在她旁邊。沒等她開口，媽媽摸著她的手，眼睛紅紅說：「妳醒了？太好了！」爸爸則跑出去找醫生了。她移動了一下自己正側躺在床上的身體，她覺得全身好酸。她想坐起來，發現自己手上正插著軟針管，羽馨這才意識到自己在醫院。醫生和爸爸這時候走進來，聽了醫生的解釋，她才知道，原來昨晚她在家癲癇發作。醫生問她：「妳最近有什麼特別大的壓力嗎？」這時，羽馨才驚醒，她突然想起了他，想到他過世的消息。

原來這一切都是眞的。眼淚從她的眼角滾落到耳朵裡，她好想他……

關鍵詞：得到

對於得到的東西，珍惜也好，不珍惜也好，它就只是個物品。

那如果是愛情呢？

你會期待愛情的到來，期待能愛得深刻，期待幸福洋溢的感覺，

期待得到美好的愛情……

而當你眞的遇到愛情時，
會發現，你又開始擔心失去。
愛一個人，沒那麼容易。
有人說，得不到的最美。
如果眞愛難得，得不到的，就是遺憾美吧！
李商隱看清了愛情的眞諦——
相見時難別亦難。
有相遇的一天，就有告別的一天，
沒有一個人能例外。
愛情就是手裡的沙子，
如果有幸得到了，要好好去愛；
如果不幸失去了，要好好放手。

星座與愛情：

變動星座包含：雙子座、處女座、射手座、雙魚座。這些星座共同的特質就是對人事物的認知比較靈活，擅長根據狀況的不同而隨機應變。如果現實發展需要他們轉變，他們會努力調整自己，積極做出改變。比如說雙子座對人事物有很寬的容忍度，處女座善於應對不一樣的狀況，射手座勇於接受不同的挑戰，雙魚座很會調節不同的觀念。

在感情裡，變動星座可以很快進入狀況，但是卻不容易下定決心去眞正接受一個人。他們需要花大量的時間相處，才有可能對一個人有認定的感覺。

愛情送分題：變動星座，雖然不好套牢，但是包容力非常強大。比起物質和各種外顯的條件，變動星座更注重兩個人之間的感情。

給變動星座的建議：不要總是看著自己沒有的，變動星座很容易不小心就比較起來。故事裡的羽馨就是不小心掉入比較的陷阱而不自知。她覺得父母管得嚴，就有很強的叛逆心態。「上有政策、下有對策」，羽馨的叛逆雖然是無聲無息的，但是卻對父母造成了很大的誤解：父母只在乎他們的想法，完全不顧及她的感受。

正因爲這樣的心態的趨勢，她開始暗戀同系不同班的男同學。幸運的是男同學對她非常的溫柔。她無意識把對父母的不滿轉化爲對男同學的依戀。隨著跟男同學越走越近，她又把自己的焦慮敏感轉化爲對男同學的依戀。

或許談戀愛可以幫助羽馨逃避父母給她的壓力和情緒，但事實上，羽馨滿心都想著如何釋放自己的壓力，沒有餘力去照顧男生的感受。這是變動星座在行爲上會出現的一個很明顯的問題：太忙著想自己的事，而忽略周圍關心自己的人。這種自己不容易察覺的狀態，很容易造成關係上的誤會。在故事裡，羽馨也因此，錯過了解男同學的機會。

多肯定自己已經擁有的，變動星座可以愛得更徹底一點。練習將自己的感受和對方的感受保持連結，就會減少在感情裡的誤會和挫折。

三個糾結：

(1)自己欠缺的特質，想簡單從另一半那裡獲得，這種想法不容易實現。

(2)一直去索求自己沒有的，是無法獲得純然的情感的。

(3)愛情裡，該想的不是誰能得到誰。

三個成長：

(1)多肯定自己有的，能愛得比較勇敢。

(2)能吸引自己的人，他所擁有的特質，也就是自己想要擁有的特質。

(3)練習將自己的感受與對方的內在連結，你才可能得到他的心。

故事的後面：

倫敦瑪麗皇后大學「情緒史中心」研究員，蒂芬妮．史密斯在她所著的《情緒之書》裡，有提到關於「愛」的解釋。作者透過研究，明確寫出四百七十八種情緒，可是關於愛，她只發出了一連串的問題，卻無法定義。

她寫道：「關於愛，還剩下什麼東西可以談論嗎？寫在無數紙上的詩句和歌曲，以及裝滿好幾座圖書館的哲學論述，都設法想表達、瞭解和定義愛。這些數量龐大的文字告訴我們，關於這個主題有太多東西可以訴說，但同時也透露了一件事：眞正說得明白的，少之又少。」

她索性在一開始，就先引用狄金森在寫給蘇珊．吉伯特的信裡面，關於愛的描述：「喔，我的蘇西，我們完全用不著開口，眼睛會替我們傳話。當你的手緊握我的手，我們便不需要語言了。」

就像羽馨看到男同學的剎那，就被他的氣質迷住。也像男同學知道羽馨暗戀自己的那一刻，也會忍不住去回應一樣。我想，這就是愛吧！看到對方還不滿足，想要靠近。靠近對方也不滿足，還想要得到對方的愛。即便感覺到對方的愛，也想要得到更多……

最後，羽馨終於不得不面對，自己爲了得到那種感覺最直接的愛，而嚴重依賴著男同學對她的關心。她甚至不知道男生正在生病，不知道關於他的任何生活狀況。當她承受不了男同學的意外過世，在潛意識裡，這種依戀導致她想要把自己的生命與對方的靈魂融合在一起……

愛，最終就是一堂生命的課程。歷經不同的階段，讓我們每一個人可以學到一些東西，得到生命的經驗值。好在羽馨堅強走過來了。在她心裡，男同學永遠有一個重要的位置。也因爲這樣的經歷，她更願意去理解爸媽、好朋友、自己在乎的人的感受。這讓她感覺幸福。

Story 32 星座視角

感激：追尋被愛的勇氣

所謂人生最難熬的那段時間，不管是學業上的糾結低潮、感情上遇到情傷，還是工作被陷害，或者財務上被欺騙倒債，再或者乾脆就只是討厭自己，這些都是「不想再相信」的心情。有什麼事比「不相信」更嚴重呢？

瑾臻本來以爲自己跟家人的感情很好。沒想到，她才離開家沒幾年，自己的房間就被整理成更衣室。全家沒有一個人跟她商量，更沒人跟她預先告知一聲。等她拿到綠卡，終於可以找個假期搭飛機回家看看，才發現自己的房間沒了，自己的大部分的東西也都沒了。千里迢迢回到久違的家，家人給她的見面禮就是——她只能睡客廳的沙發。她感覺很糟糕。很多事情都是累積出來的，變成今天的樣子，她也不知道能多說什麼。

從那天起，她就沒有跟家人說話了。可悲的是，除了打招呼，幾句基本的交代，沒人主動跟她聊聊天。爸爸沒有問她工作現在進行的怎麼樣？媽媽沒有問她生活上都好嗎？妹妹也沒說晚上擠她的床睡吧。她不想當家裡那個可有可無的隱形人。

每天在美國盼望著回家看看家人，在美國的這幾年，家人們越來越少聯絡，後來幾乎一整年也不打一通電話。她覺得這樣也好，相見不如懷念，等她回去再好好修補感情也不遲。在外面生活這麼久，瑾臻越來越能感受到家人的珍貴。可她完全沒有料到，她親愛的家人們是這樣對她的。這讓她很崩潰。

當年她向爸媽提出想去美國念MBA爸媽不同意。「爲什麼要去那麼遠唸書？一家人離那麼遠，而且去兩年要那麼多的學費！」。後來，她想辦法去申請助學貸款，還特地申請有最多獎學金的公立學校、加入了當地一個私人基金會的財務援助計劃。終於她湊夠了學費和生活費，請爸媽給她兩年的時間。等她在美國上完研究所，就馬上回來找工作。

把不可能的事情自己獨立完成的這麼好，她以爲爸媽會以她爲傲。可沒想到，爲了去美國唸書，最後她跟家人之間鬧的非常僵。她上飛機前，爸爸只說了一句：「兩年後不回來，這個家就不給妳留位置！」然後帶著正在流淚的媽媽，頭也不回就走了。

後來，更讓瑾臻沒想到的是，要順利完成財務援助計劃，還要按時還助學貸款，並沒有她想像的那麼容易。畢業即舉債，她不得不趕快想辦法找工作還錢。當然，這也意味著她必須違背自己「兩年後回家的承諾」。她打電話跟爸媽商量，請妹妹幫忙說服。但，當他們聽到她要留在美國後，沒有人願意接受她的決定。

扛著這股壓力，瑾臻在美國更加拼命努力。她想向家人證明自己是對的。

瑾臻在沙發上輾轉反側。這個家要繼續待下去嗎？還是提早回美國呢？哪裡才是自己的家？爲什麼爸媽這麼不理解我？這時她的電話響了，是男友的電話。自從瑾臻決定要回家看看，他就在替她擔心。他雖然因爲工作不能陪她回家，聽到他擔心的事眞的發生了，心情比瑾臻還焦慮。

「睡了嗎？妳現在能不能下樓？」

「下樓，你說我嗎？現在？到我家樓下？」瑾臻不明白男友在說什麼。

「對，現在下樓！」

反正也睡不著，到樓下走走也好。瑾臻沒多想，披個外套就出門。

到了樓下推開門，瑾臻就看到男友正背著一個巨大的背包站在那裡等她。她立刻跑過去抱住了他。他用大大的手摸著瑾臻的頭，她所有委屈的眼淚，隨著男友溫柔的撫慰通通都流了出來。

「你不是要工作嗎？」

「妳這樣我沒辦法工作啊！」

「那你怎麼請到的假？」

「妳放心！我請同事暫時接我的工作。我知道，這個時候，妳很需要我。妳並沒有那麼堅強，好嗎？只要妳需要，我就一定要在妳身邊。」

瑾臻抬頭看著眼前這個男人，皮膚黝黑發亮，捲捲的頭髮把月光渲出一層光暈。他的眼睛炯炯有神，厚厚的嘴唇那麼的性感。

瑾臻在美國這麼多年，不乏男生追求。但她全部都沒有理會。大家都盛傳：「那個華人女漢子不好惹。」她不是不想好好談個戀愛，被相愛的人寵愛，那是多麼讓人期待的事！只是，她的心裡有個重重的願望：她希望盡快拼出一番成就給爸媽看，希望他們認可她、給她一點點家庭的愛和溫暖。她越這麼想越不敢談戀愛。她害怕戀愛會讓自己的意志力變得薄弱。萬一在美國混的一塌糊塗，她就沒有臉再見到爸媽。

但是，他告訴她，不是這樣的。他有著非裔人特有的樂觀和活力。他從來不覺得，為自己想要的去努力，是一種壓力。「**人生本來就是由各種問題組成的**。或者就是為了解決大大小小的問題，然後透過解決各種問題來認識不同的人，變成不一樣的自己，做心裡想做的事。」他跟她說這些的時候，語氣中帶著熱情、也充滿冷靜。他的思維靈活又很清晰。這就是她愛上男友的原因。

如今，在她感覺孤獨又無助的時候，他又出現了。「只要妳需要，我就一定要在妳身邊。」這句話是男友最常跟她講的話。他是這麼說的，也是這麼做的。

男友溫柔一邊對瑾臻笑，一邊幫她擦掉掛在臉上的眼淚。他的笑總是那麼有感染力，總能讓她感覺到有新的力量在自己的心裡生長。

「走，帶我去見你的家人。我可以睡地板，我連睡袋都帶嘍！」這一刻，瑾臻什麼都不怕了……

關鍵詞：感激

謝謝說多了，好像關係容易會變得生疏。

那心裡呢？我們心裡眞的感激那個人嗎？

在這個時代，愛一個人，做過什麼好像比心裡充滿感激更讓人有感。

但如果有一個人眞的因爲愛，爲你做盡一切，你會不會因此愛上他呢？

如果有一個人眞切愛著你，你會不會感激他的愛呢？

尤其愛，常常是很直覺的，也帶點互相虧欠的味道。

我很好，所以他愛我。我做了很多，所以他更應該愛我。
愛的付出，如果包含太多算計，容易斤斤計較：
我愛了他多少，付出多少，虧損多少，他在我這裡又存了多少……
當愛被量化成一本帳簿，甚至還能列出存入與提取金額，
這樣的愛還有意思嗎？
茫茫人海中，你能看到我的好，我就很感激你。
如果眞的交往了，相戀了，永遠不要忘記這份感激。

星座與愛情：

有一個大家心照不宣的有趣現象：如果平常沒什麼事，像星座、牌卡這些身心靈領域的專業就會被看成不太可靠的江湖手藝；如果遇到挫折，尤其是感情方面的挫折，心裡實在困頓不已、找不到答案，就會把星座、牌卡這些身心靈領域的專業當作重要的參考工具，甚至會迷信這些工具帶來的所有訊息。

老實說，作爲身心靈專家、占星專家，我認爲「不相信」和「迷信」像星座這樣的身心靈

專業工具，都不可取。只要稍加研究，可以發現，西洋占星學是在紀元前數千年前就已經出現的……它的根源是在現在的伊拉克和部分敘利亞及土耳其一帶。當然占星學的歷史悠久、成型過程也是非常複雜的。英國目前最資深的占星學家和諮商師之一的蘇．湯普金（Sue Tompkins）同時在《當代占星研究》中強調：「占星學的哲學背景非常複雜。」澳洲占星整合學院院長布萊恩．克拉克（Brian Clark）在他的《職業占星全書》中說明：「從希臘和古羅馬時代開始，西方占星學已經發展出從職業角度思考星盤的技巧和準則。」也就是在占星學發展了數千年後，在紀元前十二世紀到九世紀左右才開始作爲職業開始出現在人們的生活中。

由此看來，占星學是人類文明發展演化非常重要的一部分。星座文化包含人類發展的各種思想體系，是我們認識世界、認識自己、把自己自然融入人類文明的一個重要的文化體系和思想體系的參考。

繼承祖先和前輩們累積下來的豐厚智慧，可以運用星座的角度，去剖析和探索愛情，是一件幸運的事。因爲愛情這個撲朔迷離的千古議題，如果沒有像星座這樣既感性又理性的工具去做解讀，眞的會讓人困惑難耐。

瑾臻原本因爲家庭因素，對愛情更是失去信心。她覺得自己不值得被愛，直到遇到星座。當她透過星座，看到自己無意識在延續爸媽給的「家族印記」：離開家人就是背叛、不聽從父母的意見就是背叛。她頓時豁然開朗。這也是愛情給她用不同角度理解自己的勇氣。

愛情送分題：星座準確的說「占星學」，引導我們從不同角度去思考人生的各種可能性。如果心裡有某種衝動，就跟著自己的直覺勇敢迎接它吧！

給喜歡星座的同學建議：星座帶領我們看到一個不一樣的世界：就算不了解，也能透過某種歸類探測到其中隱藏的祕密。不管是利用星座解讀了解自己還是別人，都不等於拿到一份標準答案。生活注重的是體驗。在生活中體驗自己的感受、在愛情中體驗與那個人互動的感受。透過感受去思考，這是不是自己眞心想要的？對方眞的適合自己嗎？我期待的愛情是什麼樣子呢？把從星座解讀帶出來的議題帶入生活和關係中，透過體驗和感受來思考這些問題，這時候你得到的答案，才能眞正說服自己。是的！靠星座的同時，也要靠自己。不管答案多完美，如果不能說服自己，都不叫完美的答案。

三個糾結：

(1)在關係裡，不能期待對方了解自己的全部想法。

(2)愛，不代表沒有自己的意見，或真的能無條件包容對方。

(3)愛情裡、親情裡的雙方都是不完美的。

三個成長：

(1)要主動找時機告訴對方自己的需求和感受。

(2)愛有很多種角度，不贊同對方但能支持對方，是尊重，更是愛的表現。

(3)愛情，是一種生命裡離不開對方的牽掛。

故事的後面：

每一個人都是獨立的個體。每天，我們的腦袋裡有幾十萬條思緒在運轉。每天我們有各種事情等著我們去做。而那些長年累積的情緒、需求、疑問，面對每天的忙碌，也只能放一放。

故事裡，瑾臻雖然順著自己的直覺，堅持去做自己想做的事。但她的心還是被綁在家人的期待和觀念中，無法自由。而她也是幸運的，她沒有放棄，在父母這種高壓下，她爲了獲得認可，把自己經營得很好。然後遇到一個握有能打開她心房鑰匙的男生。

這個男生，把他的時間、思想、精力、情感、關注度，大量的分給瑾臻：想著怎麼爲她好、想著怎麼支持她、想著她的美好、想著她的執著。瑾臻從心底是非常感激他的。但是，因爲原生家庭情感張力還未解決，她不敢從心裡接受男生對她好。她怕自己再次被控制、被拋棄、在愛的壓力下不能做自己。

好在，瑾臻的男友，在她最需要的時候，不離不棄，用他的情感、語言和行動來告訴瑾臻，他多麼的愛她，他會眞正感受她的需要。

後來，看到男友的出現，瑾臻突破了自己心裡的魔障，從心底眞正接受這位陽光坦率的非裔男友。當天晚上男友去到她家住了下來，眞的睡在睡袋裡。

經過兩週左右的時間，瑾臻的男友向她的父母聊起了她在美國的努力和辛苦，聊起他看得出來，她心裡最在乎的就是爸媽對她的認可，聊起爲了回家，瑾臻也在考慮還完學貸後就放棄美國經營的一切回家，包括放棄男友。後來，瑾臻他們一家人終於冰釋前嫌。（這裡要補充一下，她男友真的很細心，來找瑾臻之前，就預約好一位同聲傳譯，這段期間，他和瑾臻父母的對話，都是靠那位同聲傳譯的專業人士完成的。瑾臻還打趣說：這位男友是秉持著要拿下客戶的心態來幫她的。）

最讓人安心的關係，是什麼呢？是一個人用心去了解另一個人，並盡力給他支持和尊重，而且兩個人都是這麼做的。這樣遇到事情後，你來我往，濃厚的愛就能產生。愛，不能用來定義，更不能單純的用來自我滿足。能給對方什麼，刻意讓對方看到什麼，這些都不是能讓人產生安心的愛情關係。

能讓她笑，能讓她看到自己的自由，能讓她忘記心裡的不安全感，看到你就能笑得開心，這樣的關係很美，這就是愛了。

後記與感謝

第一次想到這本書的名字，是在二〇一八年十一月二十四日。那時候我正爲了聽到一位個案慘烈的故事，半夜在家輾轉反側。心裡反覆再想，爲什麼我們那麼容易執著於一個念頭？爲什麼總是在類似的議題中打轉？是什麼造成我們想要開心卻開心不起來？老天是要給我們什麼功課，讓每一個人都要經歷「愛別離、求不得、怨憎會」的苦？

當「在你的眼裡看見自己」這幾個字出現在我腦海裡時，我明白了：愛是看見自己、探索自己最直接的途徑。透過我們愛的本能，想要追尋別人的愛和認可的這個過程，來了解和反芻——我是誰？我想要什麼？什麼是眞正適合我的？什麼對我來說是幸福？

愛情就像一面鏡子，讓我們從所愛之人眼裡看到自己眞實的樣子。然後再去接納、改變、擁抱、認可自己。我是在數個等我女兒上芭蕾課的時間，在我的數千個對話個案中，找出了三十二個主題，把個案們人生的精華放在書中，最後呈現出來的，就是現在大家看到的故事。

相信這三十二個感情議題，大家多少都經歷過，也爲此輾轉難眠過。那些愛過的、恨過的、遺忘的、留戀的，都是幫助我們了解自己的契機和動力。好好的照顧自己、愛自己，這是愛的根本，也是可以好好去愛別人的力量源頭。不管你正在經歷愛情的挫折與困惑，還是已經找到可以舒服愛人的方式，愛，已經像一把鑰匙，幫你打開了探索自己的大門。

感謝：

星座導師 Monique 老師

喜樂清境負責人張育綝老師

新傳媒學苑暨孜孜線上聽執行長嘉陽哥

中廣主持人家安、企劃嘉敏

時報出版主編菁菁、蘭芳及各位同仁

資深媒體人、前中國時報副總編輯陳世昌

妞新聞亞太區營運長暨邁德司媒體集團營運長 Lydia Liu 劉立榆

前妞新聞經紀事業部副總監 Crystal Hung 洪穎儀

大華食品工業私人有限公司董事長經理 Thomas Pek 白毅柏

Adamsapple design consultant 文創工作室董事長 Michael Goh 吳官霖

MOMA 行銷總監 吳品蓉

簡報視創辦人及貓樂園新創電商品牌長曾國倫

曾文彥

妞新聞的各位同仁

每一位個案的信任和分享

每一位心粉的鼓勵和支持

一路走來我的各位良師益友

爸爸媽媽、弟弟和女兒尚書

在你的眼裡看見自己

作　者—白瑜
經紀人—許輔升（山姆）
封面髮型—楚宜
封面造型及攝影—小草
主　編—林菁菁
企劃主任—葉蘭芳
封面設計—楊珮琪、林采薇
內頁設計—李宜芝

第五編輯部總監—梁芳春
董事長—趙政岷
出版者—時報文化出版企業股份有限公司
108019 臺北市和平西路 3 段 240 號 3 樓
發行專線—(02)2306-6842
讀者服務專線—0800-231-705・(02)2304-7103
讀者服務傳真—(02)2304-6858
郵撥—19344724 時報文化出版公司
信箱—10899 臺北華江橋郵局第 99 信箱
時報悅讀網—http://www.readingtimes.com.tw
法律顧問—理律法律事務所 陳長文律師、李念祖律師
印　刷—勁達印刷股份有限公司
初版一刷—二〇二一年十二月十日
定　價—新臺幣四〇〇元
（缺頁或破損的書，請寄回更換）

時報文化出版公司成立於一九七五年，
並於一九九九年股票上櫃公開發行，於二〇〇八年脫離中時集團非屬旺中，
以「尊重智慧與創意的文化事業」爲信念。

在你的眼裡看見自己 / 白瑜著 . -- 初版 . -- 臺北市 : 時報文化出版企業股份有限公司 , 2021.12
面 ;　公分

ISBN 978-957-13-9651-4(平裝)

1. 占星術

292.22　　110018143

ISBN 978-957-13-9651-4
Printed in Taiwan